賢い人の
とにかく伝わる
説明
100式

深谷百合子

かんき出版

「眼鏡をかけた子どもを連れている女性」
正しいのはA、Bどちらでしょうか？

A

B

詳しい解説は 12 へ

お客様から「プランAとプランBはどう違うの？」と聞かれたらどう答えますか？

英語学習 プランA	英語学習 プランB
○**対象**：初心者～中級者	○**対象**：初心者～上級者
○**サービス内容**：日本人コーチによるマンツーマン指導	○**サービス内容**：ネイティブ講師によるマンツーマンレッスン
○**スタイル**：オンライン（60分/回）	○**スタイル**：教室（30分/回）
○**回数**：6回	○**回数**：12回
○**期間**：3カ月	○**期間**：3カ月
○**費用**：12万円	○**費用**：12万円

詳しい解説は **45** へ

はじめに

「丁寧に説明したのに、結局何が言いたかったの？　と言われてしまう」

「自分の説明が、本来の意図とは違うニュアンスで相手に伝わってしまう」

「時間をかけて書いた書類なのに、ダメ出しが多くてやり直しばかり」

「相手にも会社にもメリットのある提案をしたのに、動いてもらえない」

「なんとかわかってもらいたいと、説明すればするほど、相手がイライラしてしまう」


あなたはこんな悩みをお持ちではありませんか。

素晴らしいアイディアや能力があり、熱意のある方ほど、自分と相手との間にある「ギャップ」に橋をかけられず、空回りしてしまうことがあります。そのせいで、うまく人を巻き込めず、自分が本来持っている力を発揮できていないとしたら、とてももったいないことです。

うまくいかないことがあると、私たちは「自分のスキルが足りないからだ」と思いがちです。だから「説明力」を高めるために、「書き方」「話し方」といった説明の**「スキル」**を覚えて実践しようと努力している方もいるでしょう。

でも、「スキルアップ」だけに意識が向いているうちは、残念ながら「説明上手になる」というゴールへは近づけません。

なぜなら、「書き方」「話し方」といった「スキル」は、自分と相手との間に「どのように橋をかけるか」という「手段」でしかないからです。そもそも「相手との距離がどのくらいあるのか」を知らなければ、橋のかけ方ばかりを学んでも、実際に橋をかけることはできません。

説明上手になるためにまず必要なのは、「観察すること」。つまり、相手をよく観察し、自分と相手との間にある「差」を知ることです。相手はどのような状況なのか、何を聞きたいと思っているのか、どうなりたいと思っているのかを知ることが説明の**「土台」**となります。

その**「土台」**を築いたうえで説明の**「スキル」**を使うと、効率よく確実に相手と自分との間に橋をかけることができるのです。

本書では、その「土台」と「スキル」の両方を手に入れて、説明がうまくできるようになるコツをお伝えします。

私は20年以上、メーカーで技術者として働いていました。でも、理系出身ではないので、入社した当初は総務系の仕事をしていました。

ところが、32歳のときに、突然工場で技術者として仕事をすることになったのです。まったく畑違いの分野でしたから、周りで飛び交う専門用語は1つもわかりません。上司の指示の意味も、渡される資料の内容も、取引先からの問い合わせも、わからない言葉だらけでした。

そこで、「現物を見てわかるものなら、現物を見る」「何かの現象を指す言葉なら、その現象を観察する」など、言葉とイメージを結びつけていくことに集中しました。目に見えないものは、「似たようなものはありますか？」と詳しい人に聞いて、イメージを膨らませました。こうした工夫を重ねるうちに、少しずつ専門用語の意味がわかるようになり、いつのまにか専門用語を知らない人にも、やさしく噛み砕いて説明できるようになったのです。

その後、工場の「バックヤードの案内人」として、工場見学に訪れた子どもから専門家、さらにはマスメディアに対して、企業が取り組んでいる環境対策や施設・設備などの説明をしてきました。その他、市民講座や学校での出前授業の講師も担当しました。

部下、上司、他部門の社員、社外の人など、自分とは異なる立場の人たちへ説明する経験を積む中で、気づいたことがあります。それは、「相手にわからせよう」という気持ちで説明すると、相手に動いてもらえず、望む成果が得られないということです。

「まず自分が、相手のことをわかろうとしなければならない」と考えるようになってからは、相手の立場に立って説明できるようになり、仕事がうまく回るようになりました。**どんな言葉が相手の心を動かすのか、また、どのような説明をすれば互いに協力し合うことができるのかがわかったのです。**

この経験は、ヘッドハンティングで中国国有企業に転職したあと、価値観の違う者同士で問題解決にあたる際にも役立ちました。

振り返ってみると、私の会社員生活は「どうしたら伝わる説明ができるか」「どうしたら相手に動いてもらえるか」と試行錯誤を重ねてきた20年でした。今は独立し、講師として職場コミュニケーションなどの研修を行う他、「説明するのが苦手」という個人や起業家の方々に、わかりやすく説明できるようになる方法を教えています。

本書には、これまで私が工夫してきたことの中から、「自分の考えが正しく相手に伝わり、相手が納得して動いてくれるようになるための説明のコツ」を100個収録しています。順番に読み進めていただいてもいいですし、「こんなときはどう説明したらいいの？」と思ったところから読んでいただいても構いません。どちらの場合でも活用しやすい形になっています。

ひとつひとつ実践していただくことで、あなた自身の「働きがい」も、職場の「働きやすさ」も改善していくはずです。

本書を足がかりに、「説明上手」になる一歩を踏み出してください。そして、あなた自身と、あなたと関わる方たちの可能性を切り開いていきましょう。

深谷　百合子

目次

はじめに……5

第1章

勘違い・行き違いがなくなる説明

01 相手の聞きたいことを聞き出してから説明する……24
02 あなたの当たり前や常識は世間の非常識……26
03 道案内はGoogleマップ任せにしない……28
04 「伝えたこと」と「受け取ったこと」は本当に同じか？……30
05 イメージの解像度を上げる言葉①「つまり、〇〇ということです」……32
06 イメージの解像度を上げる言葉②「例えば」「たとえるとしたら」……34
07 イメージの解像度を上げる言葉③「具体的には」「詳しく言うと」……36
08 形容詞や副詞ではなく「事実」「数字」で説明する……38
09 代名詞ではなく「固有名詞」を使う……40

第2章

いろんな相手に合わせた伝え方

10 主語を省略しない……42
11 指示や要求は具体的な動作レベルの言葉を使う……44
12 語順であいまいさを排除する……46
13 ほめるときは「能力」や「信念・価値観」に焦点をあてる……48
14 叱るときは「環境」や「行動」に焦点をあてる……50
15 相手のレベルに合わせて言葉を使い分ける……54
16 サイズ感は皆がよく知っているもので伝える……56
17 数字はイメージできるものに置き換える……58
18 専門用語は皆が知っているものに置き換える……60
19 いいたとえは「似たようなもの（こと）」を探すことから始める……62
20 「体感できること」をたとえに使う……64
21 複雑なことは分解してから、似たようなものに置き換える……66

第3章

わかりやすい説明の組み立て方

22 たとえを更新する 68
23 現地現物で実際に見せる 70
24 見えないものを見えるようにする 72
25 「正しさ」よりも「わかりやすさ」にこだわる 74
26 「結論が先」の罠 76
27 結論の順序は相手の思考回路に合わせる 78
28 相手がよく使う言葉を使う 80
29 説明は「大」から「小」へ 84
30 説明の締めは「小」から「大」へ 86
31 「事実」が先、「私見」があと 88
32 意見を求められたら、「私見」が先、「事実」があと 90
33 ストーリーで説明する 92

第4章

おもしろいほど提案が通る説明

34 話のボリュームを最初に示す …… 94
35 話す長さを最初に示す …… 96
36 1センテンス1メッセージ …… 98
37 人が受け取れるのは3つまで …… 100
38 共通項を探し出してひと言にまとめる …… 102
39 プロフィールは「現在→過去→未来」で説明する …… 104
40 「皆にわかって欲しい」を捨てて、「あの人にわかって欲しい」にする …… 108
41 相手によって刺さる言葉を変える …… 110
42 相手のさらにその先にいる相手を意識する …… 112
43 商品の説明はスペックではなく、どんな変化が起きるのかを説明する …… 114
44 「欲しい」を引き出すテレビショッピング型説明 …… 116
45 最終的な選択は相手自身にしてもらう …… 118

第5章

心理学で説明がもっとうまくいく

46 判断材料となる事実を集める……120
47 五感を使って情報を集める……122
48 数字と根拠を示すと説得力が増す……124
49 計測器などを使って数値化する……126
50 数字も使いようでエモくなる！……128
51 数字の持つ「意味」を伝える……130
52 間違えることで納得感が増す……132
53 小さなYESを積み重ねて大きなYESを引き出す……134
54 謝罪や失敗もチャンスに変えられる……136
55 相手の「視覚」「聴覚」「体感覚」に合わせて説明方法を変える……140
56 「判断基準が欲しいパターン」と「自分の基準を重視するパターン」……142
57 「今すぐ行動するパターン」と「じっくり検討するパターン」……144

第6章

資料を使って説明する

58 「目標に意識が向くパターン」と「問題の回避に意識が向くパターン」……146
59 「変化」に対する4つのパターン……148
60 「新しいやり方を探すパターン」と「決められた手順に従うパターン」……150
61 「全体を見るパターン」と「細部を見るパターン」……152
62 意思決定に至る4つのパターン……154
63 「人や感情に関心が向くパターン」と「成果や物に関心が向くパターン」……156
64 基本の5W1Hで内容を整理する……160
65 「太字」や「アンダーライン」「文字の大きさ」で目立たせる……162
66 話した内容を報告するときは、言葉を補って書く……164
67 報告書は事実を並べるだけでなく、「その結果どうなったか」まで書く……166
68 グラフを使う……168
69 グラフも文字もモノクロ印刷がキホン……170

第7章

プレゼンで説明する

70 色ではなく、形で識別できるようにする 172
71 グラフにも1メッセージを添える 174
72 小さな差でも目立たせたいときはグラフ縦軸の数値幅を変える 176
73 自分ひとりなのに「他人目線」でチェックする方法 178
74 いきなりパソコンに向かわない 182
75 1枚1メッセージ 184
76 脳内弁当箱で情報整理 186
77 持ち時間別プレゼン法 188
78 初めに質問を入れて相手を引き込む 190
79 目線の配り方 192
80 沈黙で注目効果を上げる 194
81 落語風プレゼンで「映像」を相手に届ける 196

82 立ち位置で時間軸を示す……198
83 相手に矢印を向ければ自信を持ってプレゼンができる……200

第8章

メール・チャットで説明する

84 件名で用件がわかるようにする……204
85 メールは1行20字以内……206
86 チャットで実況中継……208
87 「報告・連絡・相談」には絵文字を使わない……210
88 部下に連絡するなら絵文字はOK……212
89 今すぐ確認して欲しいプレゼン資料は画像で送る……214
90 便利なスクショも使い方次第……216
91 相手にとって耳の痛い話はメールやチャットで伝えない……218
92 謝罪は相手のところへ出向く……220

第9章

オンライン時代の説明技術

93 背景から余計な情報を排除する 224
94 上から目線に注意 226
95 画面上に映った相手の目ではなく、カメラを見て話す 228
96 アクションは大げさに 230
97 問いかけを多めに！ 232
98 一方的に説明するときは15分を目安に 234
99 ここで差がつく！ 印象アップ術 236
100 ここで差がつく！ ニュースキャスター風プレゼン 238
おわりに 240

こんなときどこを読む？

こんなときは？	どこを読む？
「説明したのに、なぜわかってくれないのだろう」と思ったとき	第１章
部下に指示を出すとき	
話がかみ合わないと感じるとき	
難しい内容を噛み砕いて説明したいとき	第２章
専門用語を使わずに説明したいとき	
経験値の異なる人に説明するとき	
「結局何が言いたかったの？」と言われてしまったとき	第３章
相手に聞く姿勢になってもらいたいとき	
長い説明を短くまとめたいとき	
上司やお客様に提案をするとき	第４章
お客様の方から「欲しいです」と言われる説明をしたいとき	
自分の言葉に説得力がないと感じてしまうとき	
相手のタイプに合った適切な言葉で説明したいとき	第５章
部下の「やる気スイッチ」を押す声かけをしたいとき	
相手に行動を促したいとき	
抜け・漏れなく状況を説明したいとき	第６章
忙しい相手にも資料に目を通してもらいたいとき	
調べた内容を見やすく伝えたいとき	
聞き手を引き込むプレゼンをしたいとき	第７章
大人数の前で説明するとき	
限られた時間でも伝わる説明をしたいとき	
メールやチャットで報告、連絡や指示をするとき	第８章
絵文字を使うかどうか迷うとき	
文字コミュニケーションは難しいと感じるとき	
オンラインで商談やプレゼンをするとき	第９章
オンラインで相手の反応がわからず不安を感じるとき	
オンライン面談で印象をアップさせたいとき	

◎ブックデザイン　小口翔平＋畑中茜
＋村上佑佳（ｔｏｂｕｆｕｎｅ）
◎カバーイラスト　髙柳浩太郎
◎本文イラスト　田渕正敏
◎ＤＴＰ　佐藤純（アスラン編集スタジオ）
◎校正　鴎来堂

第1章

勘違い・行き違いがなくなる説明

01

相手の聞きたいことを聞き出してから説明する

私は会社員時代、工場の環境対策について説明する仕事をしていました。地元の住民や見学に来られた方に、工場のことを理解し、信頼していただくための仕事です。

工場に新しく導入する設備についての「住民説明会」が行われたときのことです。

「こちらの工場では大規模な太陽光発電を導入して、温暖化対策をしています」

このような説明をすると、それを聞いた皆さんは「ふーん」といった感じでした。

そして私が一通り説明し終えると、ひとりの男性が質問をしてきました。

「環境対策の話はええんやけど、工場の屋上から出ている白い煙、あれって何？　何か有害なものとか含まれていないの？」

私はこのとき初めて、気づきました。今まで私がしてきたのは「説明」ではなく「演説」だったのだと。自分の伝えたいことだけを伝えて、相手の聞きたいことを伝えていなかったのです。住民の方が聞きたかったのは、「工場がいかに環境対策をしているか」ということではなく、「公害や健康への影響」「工場の安全対策」などでした。

それ以来、私は何か説明しなければならないとき、**「自分が言いたいこと」ではなく「相手が聞きたいことは何か？」を考える**ようになりました。具体的に何を聞きたいと思っているのか、できるだけ先に相手に聞いてから、それに答える形で説明するようにしたのです。

例えば、遠方からわざわざ工場の見学に来られるお客様が聞きたかったのは、ホームページなどを見ればわかるような情報ではなく、現地で実際の担当者からしか聞けない話でした。

相手の聞きたいことを先に把握してから説明するようになってからは、今まで「ふーん」だけだった反応がグッと変わりました。「それを聞いて、安心しました」「私たちも同じような苦労をしています」などと言っていただけるようになったのです。そして、「工場のことを理解し、信頼していただく」という本来の目的も達成することができました。

POINT

自分の言いたいことを伝えるのではなく、相手の聞きたいことを伝える

02

あなたの当たり前や常識は世間の非常識

いきなり質問です。

「東海道新幹線から見える富士山は左側ですか？　それとも右側ですか？」

とっさに頭に浮かんできたのは「右」「左」、どちらでしたか。ちなみに私は「左」です。「えっ、左？」と思ったあなた。関東以東にお住まいですね。実際、私は東京にお住まいの方と新幹線の混雑状況について話をしていたとき、このことに気がつきました。

相手…「新幹線は混んでました？」
私　…「最近混んでますね。富士山が見える2人がけのE席は満席でした」
相手…「あぁ、右側の席ですよね」
私　…「（心の中で）右？」

東海道新幹線の上りでは、富士山は左側に見えます。ですから、中部や関西方面から上京する人にとって、地元を起点にすると富士山は「左側」なのです。ところが、関東から東海道新幹線の下りに乗車する人にとっては、富士山は「右側」になります。つまり、普段東京から下り列車に乗車する相手にとっては「富士山は右側」が当たり前、普段上り列車で上京する私にとっては「富士山は左側」が当たり前というように、お互いの「当たり前」が違っていたというわけです。

「右・左」「表・裏」などは、どちら側から見るかによって真逆になってしまいます。「東京に向かって左」のように基準を示すか、「2人がけの席の窓側」などのように、**誰が見ても同じ解釈ができる言葉を選ぶと、正確に伝わります。**

このように、**自分が見ている世界と相手が見ている世界は、いつも一致するとは限りません。**普通に使っていた言葉が、実は社内でしか通用しない言葉だったことを知って驚いた経験を、あなたもお持ちではありませんか。自分が当たり前だと思っていることは、相手にとっては当たり前ではないかもしれないという前提で、言葉を選びましょう。

POINT

相手が見ている世界を想像して言葉を選ぶ

03

道案内はGoogleマップ任せにしない

あなたの会社に、お客様が来てくれることになりました。お客様は、あなたの会社を訪問するのは初めてです。あなたはお客様に、どのように道案内をしますか。

今はGoogleマップなどの地図アプリで、目的地までの経路や所要時間を簡単に知ることができます。地図アプリで取得した所在地のリンクを相手に送れば、事細かに説明しなくても、アプリがナビもしてくれるので、とても便利です。

でも、あなたもこんな経験はありませんか。

地下鉄の駅で、指定された番号の出口から地上に出た途端、どちらへ進めばいいのか迷う。「1番出口を出て東方面へ300メートル」と案内されたけれど、どっちが東かわからない。

知らない場所で方角を知るのは、簡単ではありません。地図アプリは方角を示してくれますが、地下から地上に出た直後などは、現在地を正確に示してくれるとは限りません。

お客様が初めて訪ねてくるとき、地図アプリのリンクをお客様に送るだけでなく、わかりにくいと思われるポイントを調べておきましょう。そして、次のような案内をひと言添えておくと親切ですね。

「1番出口を出て、向かって右方向へ300メートル」

「東西南北」ではなく、「右か左かまっすぐか」で説明されたほうが、基準が明確で、誰にとってもわかりやすいのです。**相手の目線になると、親切でわかりやすい道案内が必ずできるようになります。**

道案内は、目的地までの単なる経路案内ではありません。あなたと相手がスムーズに会えること。これがゴールです。

説明にひと手間かけることで、伝わり方が格段によくなります。さらに、「この人、できる人だな」と相手に好印象を持ってもらえるでしょう。

POINT

相手の目線になって説明する

04

「伝えたこと」と「受け取ったこと」は本当に同じか？

「伝わる」の第一歩はなんだと思いますか。**「伝わる」の第一歩は、自分の伝えたことと相手が受け取ったことのイメージが共有できていること**です。もしも相手の頭の中に具体的なイメージが浮かんでいなかったり、自分とは違うイメージを抱いていたりしたら、勘違いや行き違いを引き起こす可能性が高くなります。

私が中国で仕事をしていたときのことです。私は部下に配管の改造工事を指示し、「なぜ改造するのか」「どう改造するのか」などについて、説明しました。

部下に任せてから数カ月後、「配管工事が完了した」と報告を受けた私は、早速現場を確認しにいきました。ところが、工事のあと、開けておくべきバルブが閉まっていたのです。

このとき「バルブを開けておかないと完了とは言えないよ」と注意をしたのですが、「完了」というゴールのイメージが私と部下との間で共有できていなかったことに気づきました。

部下にとっての「完了」は「新しい配管がつながること」でした。でも、私にとっての「完了」は「新しい配管がつながってバルブを開けた状態になっていること」だったのです。

まさに「自分の常識」が通用しない世界に出て、初めて私は「イメージを共有できたかどうか確認すること」の大切さに気づきました。部下に改造工事の説明をしたとき、私は一通り説明し終えると、「OK?」と聞いただけでした。

部下に**「何をしたらいいか、あなたの言葉で説明してみて」**と言って確認しておけば、部下も私も気持ちよく仕事を終えられたと思います。

説明するときに大事なのは、**相手の頭の中に具体的なイメージが浮かぶように言葉を選ぶこと**です。そして、説明を終えたら、**相手がイメージした内容を相手の言葉で話してもらう**ようにしましょう。そうすれば、勘違いや行き違いを防ぐことができます。

POINT

説明した内容について
自分と相手の描いたイメージを共有する

05

イメージの解像度を上げる言葉①
「つまり、〇〇ということです」

勘違いや行き違いが起きる原因の1つは、説明する側と相手との間で「イメージの共有」ができていないことにあります。でも、説明し終えたあと、「わかった?」と相手に確認すると、「わかった」と返事がくることがあります。そういうとき、相手は「具体的にイメージできていないのに、わかったつもり」になっています。

私も、上司からの指示を受けたときはわかったつもりでいたのに、いざ仕事に取りかかろうとしたら「どういう意味だっけ?」とわからなくなってミスしたことがあります。

ここで大事なのは、**あなたの説明したことが、相手の頭の中でくっきりイメージできるように、「解像度」を上げていくこと**です。そのために使えるフレーズは3つあります。

そのうちの1つがこちらです。

「つまり、〇〇ということです」

これは、概念的な言葉に対して、相手が具体的にイメージできるよう、他の言葉を使って定義するときに使うと効果的です。

例えば、「当社の事業活動の根底にあるのは〝At your side.〟の精神です」と言われても、「〝At your side.〟の精神」が何かが具体的にわからないと、これだけでは伝わりません。

「当社の事業活動の根底にあるのは〝At your side.〟の精神です。つまり、お客様の課題や声を聞いて、そのために何ができるのかを考え、形にするということです」

このように、他の言葉を使って定義することにより、伝わる説明になります。

また、「中国の我が家のシャワーとトイレは同じ空間にあり、トイレの床とシャワーの床は仕切られていません」というだけでなく、「つまり、シャワーを浴びるとトイレの床も水浸しになってしまうのです」と続けると、よりイメージが伝わりやすくなります。

POINT

「つまり」で他の言葉に置き換えると
イメージしやすくなる

06

イメージの解像度を上げる言葉②「例えば」「たとえるとしたら」

聞き手の頭の中でくっきりイメージできるように、「解像度」を上げていくフレーズの2つめはこちらです。

「例えば」
「たとえるとしたら」

これらは、ざっくりと全体的な内容を話したときや、専門用語や業界用語、流行のカタカナ語などを使ったときに、**補足説明として使うのが効果的**です。

「私たちは普段、多くの機械の恩恵を受けて暮らしています」と言うよりも、

「私たちは普段、多くの機械の恩恵を受けて暮らしています。例えば、洗濯機や電子レンジといった家電製品で家事を楽にし、パソコンやスマホなどで大量の情報をすばやく処理、伝達し、自動車や電車、飛行機で自由に移動しています」

のほうが、具体的にイメージが湧きませんか。

また、専門用語や業界用語などは、「説明する側」と「説明される側」、双方の理解レベルが同じであれば、そのまま使ったほうがわかりやすいです。

しかし、双方の理解レベルに差があると、まったく伝わりません。

例えば「レーザー加工機とは、レーザー光をレンズで絞って金属板にあてて切断する機械です」と言われても、それを見たこともない人はイメージすることができません。でも、

「レーザー加工機とは、レーザー光をレンズで絞って金属板にあてて切断する機械です。たとえるとしたら、虫眼鏡に太陽光を集めて黒い紙を焼くのと同じです」

と言われたら、イメージしやすくなります。

このように、イメージがしづらい言葉や専門用語などは、具体例や誰でも知っているようなものにたとえましょう。

POINT

具体例やたとえを使うとイメージしやすくなる

07

イメージの解像度を上げる言葉③「具体的には」「詳しく言うと」

相手の頭の中でくっきりイメージできるように、「解像度」を上げていくフレーズの3つめはこちらです。

「具体的には」
「詳しく言うと」

これは、例えば「自信がない」「楽しい」などのように、**「解釈」や「感情」について説明するときに使うと効果的**です。

人の内面を表す言葉は、具体的なイメージができません。相手は自分の経験をもとに想像するしかないのです。しかし、「解釈」や「感情」そのものを説明することは難しいですよね。せいぜい、「胸が締めつけられるような」とか「口から心臓が飛び出そうな」といったように表現するくらいでしょう。でも、**「具体的なエピソード」を添えると、「解釈」や「感情」そのものを説明しなくても、相手に伝わります。**

「書くことに自信がなかったが、コツがわかったら楽しく書けるようになった」では、ボンヤリとしか伝わりません。イメージができないからです。

「書くことに自信がありませんでした。具体的には、Ａ４の紙１枚の企画書を書くのに、２、３時間かかっていました。でも、コツがわかったら、数十分で書けるようになり、上司からもほめられるようになりました」そうして作った企画書も、上司からダメ出しされていました。

このように、「具体的なエピソード」があるとどうでしょうか。情景が目に浮かび、「どのように自信がなかったのか」「楽しく書けるとはどういうことか」が、わかりやすくなりましたね。

人の内面を説明するときは、内面そのものを説明するのではなく、具体的なエピソードを添えて説明すると、伝わりやすくなります。

POINT

人の内面を説明するときは
具体的なエピソードを添える

08

形容詞や副詞ではなく「事実」「数字」で説明する

あなたは、渋滞に巻き込まれて、商談に遅れそうです。こんなとき、先方にどう連絡しますか。

「申し訳ありません。渋滞に巻き込まれたので、少し遅れます」

よく聞くセリフですよね。

では、待たされる側の立場に立ってみましょう。「少し」ってどれくらいなのだろう、と不安に思いませんか。「少し」というのが、あなたにとっては「10分くらい」でも、相手にとっては「2、3分」かもしれません。そうすると、2、3分過ぎたところで、相手は「まだか」とイライラし始めることもあり得ます。「少し」という言葉に対する解釈に、食い違いがあるからです。

こんなときは、次のように連絡したらどうでしょうか。

「申し訳ありません。渋滞に巻き込まれたので、あと10分かかります」

もし時間の予測ができないなら、こんな伝え方もできます。

「申し訳ありません。渋滞中で、今○○という場所にいます」

つまり、「今あなたがどこにいるか」という事実を伝えるのです。

このように具体的に伝えれば、相手も「あとどれくらい待てばいいか」がわかるので、安心するでしょう。

「きれい」「赤い」「大きい」「高い」などの形容詞や、「すごく」「ほとんど」「少し」などの副詞は、人によって解釈がバラバラです。そのために、行き違いが起こりやすいのです。ビジネスにおいて、こうした行き違いや誤解が生じると、仕事を遅らせてしまうだけでなく、あなた自身の信用も落としかねません。

ですから、**「事実」「数字」を使って、誰もが同じように解釈できるよう、具体的に説明する**ことが大事です。

POINT

人によって解釈が異ならない言葉を使う

09

代名詞ではなく「固有名詞」を使う

「彼」「彼女」といった代名詞や、「これ」「それ」などの指示代名詞を使うと、何度も同じ言葉を繰り返さずに済むという利点があります。しかし、具体的に何を指すのか、誰にとっても明らかでない限り、こうした代名詞や指示代名詞をビジネスの場面で使うのは避けましょう。なぜなら、**ビジネスでは「誰もが同じ解釈ができるように説明すること」が求められる**からです。

「あの件、準備できている?」と言われても、「あの件」が何を指すのか、わからないですよね。上司は「来週のA社との面談」のつもりでも、部下は「明日の社内会議」のことだと受け取る可能性もあります。ですから、正確に伝えるためには、

「来週のA社との面談の件、準備できている?」

のように、固有名詞を使って具体的に伝える必要があります。

また、次のような例文はどうでしょうか。

「当時、中国ではPM2・5の問題が大きく取り上げられていた。特に冬になると、その

濃度は高くなる傾向にあった。それは燃料を燃やすことで発生する。だから、そうした工場に対して、非常に厳しい規制がかけられていた」

おそらく、内容が頭にスッと入ってこなかったのではないでしょうか。なぜなら、「その」「それ」「そうした」といった指示代名詞が何を指すのか、読む側が探さなければならないからです。「そうした工場」とは、PM2・5を発生させる工場を指すのか、燃料を燃やす工場を指すのか、よくわかりません。

それでは、文中の指示代名詞を具体的な言葉に置き換えてみましょう。

「当時、中国ではPM2・5の問題が大きく取り上げられていた。特に冬になると、PM2・5の濃度は高くなる傾向にあった。PM2・5は燃料を燃やすことで発生する。だから、燃料を燃やしている工場に対して、非常に厳しい規制がかけられていた」

変更前の文より理解しやすくなったと感じませんか。

ビジネスでは、代名詞や指示代名詞を使わず、具体的な言葉に置き換えるようにしましょう。

POINT

くどくなっても正確に伝えることを優先する

10

主語を省略しない

日本語の特徴の1つとして、主語の省略があります。「言わなくてもわかる」という前提が、伝える側と受け取る側の間にあるときです。本書でも主語のない文は多数あります。例えば、9項の最後の文を見てください。

「ビジネスでは、代名詞や指示代名詞を使わず、具体的な言葉に置き換えるようにしましょう」

この文では、「私たちは」という主語が抜けています。わざわざ言わなくてもわかることだからです。

しかし、**日常生活やビジネスにおいては、「言わなくてもわかる」という場面ばかりではありません。**

例えば、次のような場合はどうでしょうか。

「今度の会議は、金曜日の午後からがいいそうです」

これだけだと、誰が「金曜日の午後からがいい」と言ったのかわかりません。部長が言ったのか、課長が言ったのか、お客様が言ったのか、相手は理解できないでしょう。

「もうすぐ100名になるそうだ」

これも、主語が抜けているので、何が100名になるのかわかりません。

「自分がわかっているから、相手もわかっているだろう」という思い込みがあると、主語が抜けてしまいます。

「今度の会議は金曜日の午後からがいいと、部長が言っていました」

「もうすぐ応募者が100名になるそうだ」

このように主語を明確にすれば、わかりやすくなります。

誰にとっても明らかにわかる場合は除いて、主語は省略せず、具体的に示しましょう。

POINT

「誰が」を明確にする

11

指示や要求は具体的な動作レベルの言葉を使う

「社内のコミュニケーションの活性化を図る」

これは、「働きやすい職場」について話し合うグループワークをしたあと、実際に出てきた「会社への提言」です。あなたも似たようなフレーズを聞いたことがあるのではないでしょうか。このフレーズを聞いて、あなたは具体的に何をすればいいか、理解できましたか。おそらく、「言いたいことはわかるけれど、具体的に何をするの？」と感じたことと思います。

なぜなら、「コミュニケーション」も「活性化」も「図る」も全部、言葉が抽象的だからです。**言葉が抽象的だと、受け取る人によって解釈がバラバラになってしまいます。**ある人は、「あいさつ運動をすればいいんだな」と解釈するかもしれません。またある人は、「全部門のリーダーを集めて毎月会議でもするの？」と解釈するかもしれません。

「活性化」とは、具体的にどういう状態になったら「活性化された」と言えるのか。「コミュニケーション」とは具体的に何をするのか。それらを説明する必要があります。

実際に、この提言を出したグループに話を聞くと、「グループワークを通じて、今まで話をしたことのない他部門の社員の考えを知ることができた。一度話をしたことで、次から話しやすくなり、社内人脈が広がって仕事も進めやすくなった。だから、他部門のことを知る機会を設けたい」ということでした。

その後、このグループは会社への提言をこのように変えました。

「月1回、テーマを決めて、各部門から1名以上参加してもらう座談会形式の交流会を実施する」

これなら、具体的に何をするのか明確ですね。提言を受け取った会社側も、「日程は、毎月第3水曜日と決めたほうがいいのではないか」「1名以上ではなく、2名以上にしたらどうか」と具体的な提案ができるようになります。

「欲しい結果」を得る道筋を具体的に説明することで、実現するスピードを速くすることができるのです。

POINT

「欲しい結果を得るためには必要な行動を言葉にする」

12 語順であいまいさを排除する

ある日、夕方のニュースを見ていたときのことです。

「およそ20キロのフグ15匹を桶に入れて、神宮に奉納した」と聞いて、私は一瞬「巨大なフグ」を想像してしまいました。20キロもするようなフグなんて、この世の中にはいないので、「15匹分で20キロなのだな」とすぐにわかりましたが、なんとも心を惑わされるニュースでした。

「およそ20キロのフグ15匹」は「およそ20キロのフグ」＋「15匹」とも読み取れるし、「およそ20キロの」＋「フグ15匹」とも読み取れます。つまり、複数の意味に解釈することができる「あいまいさ」があるのです。

では、なぜ私は、「20キロのフグ」を想像してしまったのでしょうか。これには「語順」が関係しています。私たちは多くの場合、**修飾語はすぐ後ろの言葉にかかると解釈しています**。ですから、「およそ20キロの」という修飾語が、直後にある「フグ」にかかっていると解釈してしまったのです。

誤解なく伝えるには、語順をこのように変えればいいのです。

「フグ15匹およそ20キロを桶に入れて、神宮に奉納した」

これならスッキリと意味が伝わります。

では、もう1つ例を挙げましょう。3ページで示した文です。

「眼鏡をかけた子どもを連れている女性」

眼鏡をかけているのは子どもなのか、それとも女性なのか、どちらの意味にも受け取ることができます。でも、おそらく多くの人は眼鏡をかけているのは子どもだと受け取るでしょう。もし眼鏡をかけているのが女性だとしたら、「修飾語は直後にある言葉にかかる」という点を意識して、次のように語順を変えるときちんと伝わります。

「子どもを連れている眼鏡をかけた女性」

このように、**語順を変えるだけで正しく意味が伝わる説明になる**のです。

POINT

修飾語がかかる言葉を意識して語順を考える

13

ほめるときは「能力」や「信念・価値観」に焦点をあてる

人はほめてもらうと嬉しいものです。でも、ほめられ方によって、嬉しさの度合いが変わることがあります。

例えば、「素敵な洋服ですね」と言われるより、**「そんな素敵な洋服を選ぶなんて、センスがいいですね」**と言われたほうが、嬉しくありませんか。

このように、**人をほめるときに効果的な「ほめポイント」があります。**この「ほめポイント」が微妙にずれていると、「この人は私のことをわかってくれていない」と思われてしまいます。せっかく人をほめたのに、そんな風に受け取られてしまっては残念です。

部下が何年も頑張って、ようやく難関資格を取得したとしましょう。このとき、あなただったら、どうほめますか。

「難しい試験に合格したなんて、すごいね」だけだと、部下はなんとなく物足りないと感じるかもしれません。なぜなら、「試験を受けて合格した」という「結果」だけに着目しているからです。

でも、「試験を受けて合格した」という「結果」の奥には、「試験に受かるだけの能力」の他に、「努力できる」「あきらめない」という部下自身に備わった「能力」があるはずです。さらには、「自分を成長させたい」というような「信念や価値観」があるから難関資格に挑戦したのかもしれません。

人が行動して得た結果の奥には、それを実行するための「能力」と「なぜそうしたいと思ったのか」という行動の動機となる「信念・価値観」があります。そうした、**目には見えない「能力」「信念・価値観」をほめる**と、「この人は自分をわかってくれている」と思ってもらえます。

だから、こんな風にほめると、喜んでもらえるでしょう。

「何年もあきらめずによく頑張ったね」
「向上心を持ち続けているところが、さすがですね」

POINT

目に見えている「結果」をもたらした
相手の「内面」をほめる

14

叱るときは「環境」や「行動」に焦点をあてる

ほめるときと違って、人を叱るのはなかなか簡単ではありませんよね。「叱ることは相手のためだから」と、自分では「愛のムチ」のつもりでも、言い方を間違えると「パワハラ」と受け取られてしまいかねません。

例えば、「だらしがない」「いつまでたっても成長しない」「注意力が足りない」など、相手の「人となり」や「能力」を指摘することは、相手を傷つけてしまいます。

叱る目的は何でしょうか。それは「相手の望ましくない行動を改善すること」です。決して、「その人自身を改善すること」ではありません。ですから、**叱るときは「事実」としての「相手の具体的な行動」や、そうした行動を引き起こした「環境」に焦点をあてる**ことが大事です。ほめるときは、目には見えない相手の「能力」「信念・価値観」をほめますが、叱るときはその逆です。**目に見えている部分だけに着目**しましょう。

私の部下が、設備の異常を知らせる警報を「センサーの誤動作」と思い込んで、現場の状況を確認せずに放置していたということがありました。話を聞くと、「以前からたびたび誤動作を起こしていたので、今回も誤動作だろうと思い込んだ」と言うのです。

こんなときに、「現場の確認に行かないなんて横着だ。緊張感がなさすぎる」などと言ったら、どうでしょうか。部下は傷つき、萎縮してしまうかもしれません。「横着だ」「緊張感がない」という言葉のほうが強く印象に残り、「警報が鳴ったら、必ず現場を確認して欲しい」という私の意図は、十分には伝わらないでしょう。

私は、「現場の確認に行かなかったのは、よくなかった」という「行動面の問題」と、「以前からたびたび誤動作を起こしていた状況も問題だった」という「環境面の問題」の2つを部下に伝えました。そして、**「どうすればよかったと思う？」**と部下に聞いてみました。すると、部下は「自分の思い込みで判断せず、必ず現場を確認すること」と、「そもそも誤動作が発生しないように対策をすること」と答え、実行してくれました。

叱ることによって相手が成長してくれれば、お互いにとって嬉しいことですね。

POINT

目に見えている「事実」を指摘して、どうすればよかったかを問う

第2章

いろんな相手に合わせた伝え方

15 相手のレベルに合わせて言葉を使い分ける

「説明」は、自分の言いたいことを伝えるのではなく、相手の聞きたいことを伝えます。なぜなら「説明の目的」は、相手が内容を理解し、何らかの行動を起こしてくれることだからです。ですから、説明の内容を相手にきちんとわかってもらわなければなりません。

もしも、相手が子どもだったら、あなたは子どもにわかるように、難しい言葉を使わずに説明しようと意識するのではないでしょうか。大人に対して説明するときも、同じ意識をもって説明することが大切です。基本的には**中学生にもわかる言葉を使って説明しましょう。**

例えば、「エシカル消費に取り組みましょう」と言われても、言葉の意味がわからなければ行動を起こしてもらうことはできませんよね。

「人や社会、環境にやさしいモノやサービスを選びましょう」

「お金を使うときに『よいこと』も一緒に買いませんか」

このように、専門用語を使わずに説明すれば、わかりやすくなります。

注意しなければならないのは、こうした専門用語だけではありません。
ある日、中国人と会議をしていたとき、日本人社員が「計画との間に齟齬《そご》をきたした」という報告をしました。しかし、中国人の通訳が「齟齬」の意味を理解できずに困っていたのです。「計画通りに進まなかった」のように表現すれば、誰にとってもわかりやすいですよね。

これから社会の多様化が進んでいきます。外国人と接する機会も増えてくるでしょう。誰にでもわかる「やさしい言葉」を使うように心がけたいものですね。時折、「専門用語を使って説明しないと、プロにみられないのではないか」と誤解している方や、「こんなやさしい表現にしたら、相手に失礼なのではないか」と恐れている方がいらっしゃいます。でも、大事なのは、**「相手のレベルに合わせて、相手が理解できるように言葉を使い分ける」**ことです。専門用語を使わずに、誰にでもわかりやすい言葉で説明したほうが、相手からバカにされるどころか一目置かれるはずです。

POINT

中学生にもわかる言葉を使って説明する

16

サイズ感は皆がよく知っているもので伝える

ビジネスでは、説明をするとき、「数字を使え」と言われませんか。「人が大勢集まりました」というよりも、「人が1000名集まりました」というほうが、わかりやすいですし、具体的です。

では、こんな場合はどうでしょうか。

「煙突の高さは22メートルです」

どれほどの高さなのか、イメージできましたか。おそらく、「22メートルと言われても、高いのか、そうでもないのか、よくわからない」と感じたのではないでしょうか。比較対象となるものがないので、数字だけ伝えられてもイメージしづらいのです。

そういうときには、次のように**「誰でもイメージしやすいもの」を使ってサイズ感を伝える**と、わかりやすくなります。

「煙突の高さは22メートル、7階建てのビルと同じ位の高さです」

「7階建てのビル」なら、誰でもおよその高さをイメージできるのではないでしょうか。

このように、イメージしづらい数字は、皆がよく知っているものに置き換えて補足すると、伝わる説明になります。

その他にも「厚さ0・1ミリメートル」は「コピー用紙と同じ位の厚さ」、「直径0・8マイクロメートル」は「髪の太さの100分の1」などのように、**身近で実物を確認できるものを使ってサイズ感を示す**と、伝わりやすくなります。そのためには、ビル1階分の高さ、コピー用紙の厚さ、髪の太さなどの基本的な数字を調べる必要があります。

インターネットで検索すると、さまざまな情報が出てきます。公共の機関や企業が出している情報を利用するのがおすすめです。

なお、数字と出典をまとめたリストを作っておくと便利です（82ページに「数字のたとえに使える主な事例」を載せました。参考にしてください）。

POINT

身近で実物を確認できるものを使って
サイズ感を示す

17

数字はイメージできるものに置き換える

「厚み」「高さ」「広さ」など、「実物」で確認できるものを使ってサイズ感を示すことができるものがある一方、「実物」がない場合はどうすればいいでしょうか。

例えば、台風の風速を例にしてみましょう。

「平均風速25メートル／秒の非常に強い風」と聞いて、どれくらいの強さかイメージできますか。「平均風速15メートル／秒の風」と比べて、どれくらい違うのかと言われても、なかなか答えづらいですよね。もしかしたら、これまでの経験やニュースを見て、「風速25メートル／秒ってこういう感じなんだ」程度にわかる人はいるかもしれません。

でも、次のように目安があるとイメージしやすいですよね。

「風速15メートル／秒だと、人は風に向かって歩けない。一部の人は転倒する」

「風速25メートル／秒だと、人は何かにつかまらないと立てない」

雨量でも、「何ミリの雨が降る」と数字だけを伝えられるより、**「1日で1カ月分の雨が降るのと同じ」**と伝えられたほうが、ピンときませんか。

私の住んでいる三重県には大規模な風力発電所があります。この発電所の出力を伝えるときに「9万5千キロワットです」と数字で示されても、比較対象となる目安がないと、どれほどの規模なのかイメージしにくいですよね。そこで、発電所のパンフレットには**「一般家庭約5万5千世帯の電力をまかなえる」**と記載されています。**「一般家庭」を目安にすることで、規模の大きさが伝わりやすくなっています。**

この「目安」となる数字についても、16項で述べた通り、インターネットなどを使って、公共の機関や企業が出している情報をまとめておくと便利です。算出根拠もあわせて示しておきましょう。

POINT

イメージできない数字は比較できるものを用意する

18 専門用語は皆が知っているものに置き換える

どの仕事にも、その仕事特有の専門用語があります。あなたの仕事では、どんな専門用語が使われていますか。私は会社を辞めて独立し、個人事業主としてスタートした頃、それまでの会社員人生では見聞きしたことのない多くの言葉に出くわし、面食らいました。今ではその言葉を普通に使っているため、会社勤めの知人から「何それ？」と聞かれて、「しまった。これも専門用語だった」と気づくことがあります。

日常的に使っている言葉は、それが専門用語であることを忘れてしまいがちです。

もちろん相手が自分と同じ分野の仕事をしている人や、その道に詳しい人ならば、専門用語を使って説明するほうが伝わります。用語によっては、該当する日本語がなかったり、ニュアンスを正確に伝えられるような表現がなかったりする場合もあるので、専門用語のまま話したほうがわかりやすいのです。でも、**相手が関係者でない場合は、専門用語を使わずに説明する必要があります。**

例えば、私は会社員時代、工場の「動力部門」という部署で仕事をしていました。この

「動力部門」とは、どんな部門なのかを説明してみましょう。

「『動力部門』というのは、工場の受変電設備や熱源設備を運転、管理する部門です」

同じ職種の方でしたら、この説明でもイメージできると思いますが、そうでない方には聞き慣れない言葉が並んでいてよく理解できません。さらに、「受変電設備とは、電力会社から高圧の電気を受け入れて、低圧に変圧する設備で……」とか、「熱源設備とは」などと説明し始めると、もう聞きたくなってしまうのではないでしょうか。そこで、こんな風に説明してみます。

「『動力部門』というのは、『工場の心臓部』のようなものです」

こうすることで、「止めてしまったら大変なことになる部門だ」というイメージは伝わるのではないでしょうか。そのうえで、「工場で使う電気を送ったり、冷房や暖房のための設備を運転、管理している」と伝えれば、どんな部門なのかを相手に理解してもらうことができます。

POINT

専門用語は日常的に使っている言葉に変換する

19

いいたとえは「似たようなもの（こと）」を探すことから始める

私が「ヒップリフト」というトレーニングを教えてもらったときのことです。「ヒップリフト」とは仰向けに寝て両膝を立て、ゆっくりとお尻を持ち上げるトレーニングのことです。私がひょいっとお尻を上げると、トレーナーに注意されました。

「ただお尻を上げてもだめ。ちゃんと胸骨が下がっていないと意味がないの」

そう言われて、私が「胸骨ってどの骨？」と思っていると、トレーナーはわかりやすいたとえを使って指示を出してくれたのです。

「体の奥にネクタイをしているイメージをしてください。息を吐きながらそのネクタイを持ってグーっと下に引っ張るイメージをしてみて」

言われた通りにイメージすると、勝手にお尻が浮き上がってきました。ただお尻を上げたときと比べて、筋肉への効き方がまるで違います。

「どうしてネクタイと思いついたのですか」とトレーナーに聞いてみると、「胸骨の形がネクタイに似ていると思ったから」と言って、骨格標本を見せてくれました。

私の中国語の発音矯正の先生も、いつもわかりやすいたとえを使って教えてくれます。私が中国語の「ウ」の発音に苦戦していると、先生は、**「アツアツのたこ焼きを口に入れたとき、どんな風になる？」**とヒントをくれました。アツアツのたこ焼きを口に入れたときをイメージすると、舌を思い切り下げて、口の中の空間が縦に大きくなりました。そのまま発音すると、正しい発音ができるようになったのです。

しかも、自分ができるようになっただけでなく、自分が教わった通りのことを他の人に伝えると、その人もできるようになりました。**わかりやすいたとえは、「再現性」がある**のです。

こうした**教え方の上手な人たちに共通しているのは、「できている状態」をよく観察していること**です。その状態とよく似た状態を探して、具体的で身近にあるものに置き換えているのです。「何かにたとえるとしたら？」と常に問いを持ち、身近なものを観察していくことで、「たとえる力」は養われていきます。

POINT

似たようなものを探す観察力を磨く

20

「体感できること」をたとえに使う

私たちは、身近にあるものや、普段から経験していることはイメージできます。しかし、**どれほど言葉が簡単でも、体感したことがなければイメージできないことがあります。**

私が勤めていた工場に、小学生が見学しに来たときのことです。工場にある「コージェネレーションシステム」をどう説明したらいいのか、悩みました。

「コージェネレーションシステム」とは、都市ガスなどの燃料を使って発電すると同時に、発電時に発生する熱も利用できる「一石二鳥」の設備です。

しかし、「発電するときに熱が出る」ということをイメージするのは、自分で発電するという体験が乏しい人にとって簡単なことではありません。

そこで、身近な例で「自分で発電する体験」を探してみました。例えば、自転車のライトを、ペダルをこいで点灯させるのも「発電」です。今の子どもたちなら、自転車よりも理科の授業で使われる手回し発電機のほうが、より身近に感じられるかもしれません。

いずれにしても、自分で電気を作るときは、体を動かすので暑くなります。

「皆さんは今、手や足を使って電気を作りましたが、発電所では天然ガスや石油などの燃料を使って電気を作っています。燃料を燃やすと熱が出ます。皆さんも今、体を動かしたから暑いでしょう？　皆さんの体の中で熱が作られたからです。冬の寒い日に自転車をこいだり、手回し発電をしてみたらどうでしょう？　体が温かくなって一石二鳥ですね」

そう話をしたあとで、コージェネレーションシステムも同様であることを伝えると、子どもたちは頷いてくれました。

自転車こぎや手回し発電のように、体感を伴う経験をすると、言葉のイメージがしやすくなります。そのためには、まず自分自身が体感していなければなりません。**日頃から「これってどんな感じなのだろう？」と好奇心を持ち、とりあえずやってみて、「体で感じた経験値」を上げていくことが、説明上手への近道**なのです。

POINT

まず自分自身が体感を伴う経験を増やす

21 複雑なことは分解してから、似たようなものに置き換える

難しい専門用語を、ズバリとひと言でわかりやすい言葉にたとえることができないときもあります。そんなときには、**専門用語の示す内容を分解して、それぞれを似たようなものに置き換える**と、わかりやすくなります。

例えば、ソフトコンタクトレンズを例にして考えてみましょう。

ソフトコンタクトレンズを選ぶときの指標の1つに、「酸素透過率」があります。一般的に、「酸素透過率」の高いものを選ぶのがいいと言われています。でも、初めてコンタクトレンズを購入する人にとって、「酸素透過率」は耳慣れない言葉です。なぜ「酸素透過率」が高いほうがいいのか、その理由も想像できないでしょう。

そんなときに、「こちらのコンタクトレンズは酸素透過率が○○で……」などと説明しても、スペックのアピールになるだけで、お客様には理解できません。そこで、コンタクトレンズの販売に携わっていた私の知人は、こんな風に伝え方を工夫していたそうです。

「瞳も呼吸をしています。コンタクトレンズをつけることは、その呼吸している瞳にマス

クをするような感じです。それって、息苦しいですよね。でも、酸素をたくさん通すことのできるコンタクトレンズなら、呼吸しやすくなります」

マスクをしたら多少なりとも息苦しさを感じることは、ほとんどの人が知っています。だから、こんな風に説明してもらえたら、イメージしやすいのではないでしょうか。

「酸素透過率」という言葉の背景には、「角膜（黒目の部分を覆っている膜）は酸素を使って新陳代謝をしている」という要素と、「ソフトコンタクトレンズは角膜を覆う」という要素があります。「角膜は酸素を使って新陳代謝をしている」を「呼吸」に置き換え、「ソフトコンタクトレンズは角膜を覆う」を「マスクをする」に置き換えたことで、「酸素透過率」という専門用語がわかりやすい表現になったのです。

このように、専門的な内容を、構成する「要素」に分解してから、それぞれの要素を身近なものにたとえると、専門用語を知らない人にも伝わる説明になります。

POINT

「最終的に何が伝われればいいかを考えて、説明したい内容を分解する」

22 たとえを更新する

ここまで、専門用語は身近にあるものにたとえるという話をしてきましたが、たとえも時代の変化に伴って、見直しをしていく必要があります。

私が液晶パネルを製造する工場に勤めていたときのことです。

生産部門で新入社員研修を実施していた方から、「今まで使っていたたとえが通じなくなって、困った」という話を聞きました。液晶パネルの製造工程の中には、「露光」「現像」という工程があるのですが、それまでは、「露光」「現像」を説明するのにフィルムカメラをたとえに使っていたのだそうです。ところが、フィルムカメラを知らない世代が増えてきて、そのたとえが通用しなくなってしまったそうです。

実は、20項で述べた「発電すると熱が発生する」ということを、「ペダルをこいで、自転車のライトを点灯させる」という経験にたとえる話も通用しなくなる可能性があります。充電式、乾電池式、ソーラー式など、ペダルをこがなくてもライトが点灯する自転車に乗る人が増えてくると、「ペダルをこいで自転車のライトを点灯させる」という体験を持つ人が減り、話が通用しなくなってくるのです。

いいたとえができると、「やった！」と嬉しくなります。しかし、残念ながら一度作って終わりではありません。**時代が変化し、たとえに使っていた物や現象が、なくなってしまう**こともあります。また、「ある年代以上の世代には通用するが、20代より下の世代には通用しない」ということもあります。相手がどの年代なのかによっても、使うたとえを変えていく必要があります。

さらには、日本人にしか通用しないたとえではなく、**外国人にも通用するたとえが必要になる**こともあるでしょう。

たとえも、時代の変化や生活様式の変化などに合わせて、ゲーム感覚で楽しみながらバージョンアップさせていきましょう。

POINT

時代や人によってたとえを変えていく

23 現地現物で実際に見せる

目に見えていないものは、イメージするのが難しいですよね。言葉で説明しても、イメージできないと、理解してもらうのは簡単ではありません。そんなときには、**実際に現地で現物を見てもらうのが一番**です。

例えば、あなたは自分の出したゴミが回収されたあと、どのように処理されているのかイメージできますか。映像で見たことがあっても、実際の処理施設の大きさ、雰囲気、そこで働く人の様子などは、なかなか見ることはできません。ところが、現地に行って実際に見ると、処理されている様子はもちろん、どれほどの量のゴミが処理されているのかといったスケール感や、人手で作業している様子を肌で感じることができます。

実際に現地で現物を見ることで、「ゴミを減らさなければならない」「分別をしっかりしよう」という気持ちになります。「ゴミを減らしましょう」「分別をしましょう」と**何度も言葉で説明するよりも、啓発効果がある**のです。

また、現地で実際に見せることで、**「安心してもらう」という効果もあります。**

ある会社の新社屋内覧会では、近隣の住民を招き、自由に見学してもらっていました。新社屋の向かい側にはマンションや一戸建ての住宅が立ち並んでいます。住民の中には、実際に社屋の窓のブラインドを上げて、自分の家がどう見えるのかを確認したり、階段に設けられたすりガラスを指さして、「これなら家を見られる心配がなくていいね」と話をしたりしていました。もし内覧会がなければ、住民は「家の中が丸見えになるのではないか」という不安をぬぐい切れなかったかもしれません。

現地現物で見せるというのは、言葉を尽くして説明するよりも、説得力があります。言葉では伝えきれないことが、現地では伝わります。

そして、説明上手な人は例外なく、自分の目、耳、足を使って現地現物を確認しています。

POINT

百聞は一見にしかず。

現地現物での確認は最も説得力がある

24 見えないものを見えるようにする

言葉で説明してもイメージできないものを説明するには、**実験をして見せることも有用**です。

ノーベル化学賞を受賞した吉野彰博士が、科学に興味を持つきっかけになった『ロウソクの科学』という本があります。この本は、イギリスの科学者マイケル・ファラデーが子どもたちに向けて行った講演の記録です。ファラデーは「ロウソクがなぜ燃えるのか」「ロウソクが燃えているときに何が起きているのか」を、数々の実験を通して伝えています。

私も、子どもたちに太陽光発電の説明をするときは、実験を通して伝えるようにしていました。太陽光発電は、見た目はパネルが並んでいるだけで、発電していても、色が変わったり、音がしたりするわけではありません。だから太陽の光で発電する「原理」を説明しても、「発電している」イメージができないのです。

そこで、ソーラーパネルと噴水ポンプをつなげ、発電した電気で水を噴き上げる様子を見せるようにしていました。発電量が大きいと噴水の水は高く、発電量が小さくなると噴き上げる水の高さは低くなります。実際に発電している様子が、噴水の水の高さで見えるようになるのです。

「影を作ってみるとどうなるかな?」と問いかけながら、段ボールでソーラーパネルを覆って影を作ると、勢いよく噴き上げていた水の高さは急に低くなります。段ボールを取り除くと、また勢いよく水が噴き出します。

「ソーラーパネルの向きを変えてみたらどうなるかな?」と問いかけると、子どもたちはさまざまな方向にパネルを動かして、観察し始めました。太陽に背を向けると水の勢いは衰え、太陽が真正面から当たる方向にパネルを向けると水の勢いは復活します。

私たちにとって、見えないものを理解するのは難しいですが、見える形にすれば、あれこれ理屈を説明しなくても、伝えたいことは伝わります。また、**見えていないものが見えたときは感動を伴います。**ただ「伝わる」というだけでなく、深く印象に残るという点でもおすすめの方法です。

POINT

「見える化」すると伝わるだけでなく印象に残る

25

「正しさ」よりも「わかりやすさ」にこだわる

専門用語を噛み砕いて説明しようとして陥《おちい》るのが、**「説明しすぎの罠」**です。わかりやすく説明しようとして、あれもこれもと説明しすぎてしまい、かえってわかりづらくなることがあります。

なぜ説明しすぎてしまうのでしょうか。

それは、「正しさ」にこだわっているからです。何かにたとえようとしても、「厳密に言うと、正確に表現しているとは言えない」と思ってしまい、どんどん補足説明をしたくなるのです。**専門家であればあるほど、「正しさ」にこだわってしまいがち**です。

20項、21項で例に挙げた「コージェネレーションシステム」や「ソフトコンタクトレンズの酸素透過率」のたとえも、厳密に言うと正確ではない点があります。でも、話を聞かされている側は、専門家ではありません。詳しい説明を求めてもいないでしょう。

相手にとって大事なのは、「正しさ」よりも「わかりやすさ」です。

そして、説明する側にとって大事なのは、「何が伝わればいいのか」というゴールの設定です。

説明上手な人たちを見ていると、**「何が伝わればいいのか」を徹底的に追求し、それ以外の情報は思い切りよく排除**しています。専門的な角度から見たら、「少し違うな」と思うことがあっても、相手にとって不要な情報ならば、バッサリと捨てて、伝わって欲しいことを目立たせています。まるで「デフォルメの似顔絵」のようです。

「デフォルメの似顔絵」は、その人の顔の特徴を大きく強調していますよね。決して、その人の顔を正確に描いたものではありません。でも、似顔絵を見た人にはちゃんと、「その人だ」と伝わりますよね。

たとえも同じです。「伝えようとしていることの特徴は何か」をよく観察しましょう。そして、それ以外の細かなことは思い切って捨てることで、伝わる説明になるのです。

POINT

正しさにこだわらず、「特徴」を強調する

26 「結論が先」の罠

説明するときには、「結論から先に述べましょう」とよく言われます。私も上司から耳にたこができるほど言われました。ビジネスの基本ですよね。

ただし、**いつでも、誰に対しても「結論が先」というわけではありません。**結論は、言わば「ゴール」です。その「ゴール」から先に話すというのは、どこからスタートしたのか、その**「スタート地点」を互いに共有しているのが前提**です。

この「スタート地点」がずれていると、どれだけ説明しても、相手には伝わりません。例えば、これから富士山に登ろうというとき、自分は静岡県側の登山口から登るつもりで話をしているのに、相手は山梨県側の登山口から登るつもりで話を聞いているようなものです。こんな状態では、話はかみ合わないですよね。

商談などでも、「次回から、この件は担当者と進めてください」のように、最初の面談で話をした人と、次の面談で話をする人が変わったりすることがあります。そんなときほど、**初めに相手と「スタート地点」を確認し合うことが大切**です。

例えば、こんな風に結論から先に説明したとしましょう。

「先日ご依頼のあった見積ですが、金額は○○円です」

もしも先方の担当者が、引き継ぎを受けていなかったり、「今日は顔合わせだろう」などと勘違いをしていたりしたら、どうでしょうか。いきなり金額の話をされて、「何の話？」となるかもしれません。

「前回のA部長との打合せでは、見積金額を提示するようにとのことでしたので、本日は見積書を持ってまいりました。金額は○○円です」

このように、「今日は見積金額の話がスタート地点です」ということを相手と確認し合ったうえで説明を始めれば、話を聞いている相手も迷子にならずに済みます。

相手がどこまで話を知っているのか、「スタート地点」を確認してから説明を始めましょう。

POINT

話の「スタート地点」を相手と共有する

27 結論の順序は相手の思考回路に合わせる

説明にはいろいろな「型」があります。「型」に沿った説明は確かにわかりやすいですが、それ以上に大事なことは、**「相手の思考回路」に合わせる**ことです。

これは、私が中国人と一緒に仕事をするようになって気づいたことです。中国人の通訳は、私の話を全部聞いたあと、要点をまとめて通訳してくれていました。私の日本語を一言一句、逐一訳していたら、時間がかかるからです。ところが、要点をまとめるとき、「多分こういうことだろう」と通訳が自分なりに解釈して訳した結果、私の意図したことと違う内容で伝わってしまうことが何度かありました。

私は、中国人が通訳しやすいような日本語を話す必要があることを感じ、会議や朝礼で、中国人の同僚たちがどんな話し方をしているのかを観察しました。すると彼らは、「結論 → 具体例や根拠を列挙 → まとめ」という順序で話していることに気づきました。そこで、試しに私もその順序で話すようにしてみると、話が正しく伝わるようになったのです。

相手の頭の中にある「枠組み」、つまり「思考回路」に沿って説明すると伝わりやすいのは、相手が外国人の場合ばかりではありません。日本人でも、**ズバリ結論だけを知りたい人もいれば、そこに至るまでの経過を知りたい人もいます。**時系列で話を順に追っていって、頭の中を整理しながら話を聞き、最後に結論を言われたほうが納得できる人もいます。

相手がどんなタイプなのかは、普段の言動から推し量ることができます。例えば、結論を先に知りたい人は、「結論は?」「要するに?」「だから?」といった言葉や、「イエス、ノー」で答えを求めるような言葉を使っていることが多いのではないでしょうか。

一方、時系列に沿ってプロセスを知りたい人は、「順を追って説明して」「最初から説明して」などのような言葉を使っているのではないでしょうか。

あなたの周りにいる人を観察してみてください。そして、「この人はどういうタイプか」と少し想像力を働かせるだけで、相手に受け入れられる説明ができるようになります。

POINT

「結論から欲しい人」か「時系列で知りたい人」か、普段の言動を観察して見極める

28

相手がよく使う言葉を使う

あなたが、こんな話をしたとしましょう。

「今日、スマホを忘れちゃって、まいったよ」

このとき、相手がこう返答したら、どう感じますか？

「携帯がないと、困りますよね」

なんとなく、違和感を抱いた方もいるのではないでしょうか。相手に言葉を変えられたことで、自分を否定されたように感じるかもしれませんね。「スマホがないと、困りますよね」のように、同じ言葉を使ってもらったほうが、何のひっかかりもなく、スッと受け取れるのではないでしょうか。

人にはそれぞれ、「使い慣れた言葉」があります。**その人がよく使う言葉を使って話をすると、相手にとってわかりやすい説明になります。**相手が頭の中で「言葉の置き換え」をしなくても済むからです。

また、相手がお構いなしに「業界用語」や「社内用語」を使ってくることもあるでしょう。そんなときは、「具体的にどういうことですか？」「例えば、こういうことですか？」と聞いて、意味を確認しておきましょう。正しく意味を理解したうえで、相手の使う言葉を使って説明すると、「この人は、自分を理解してくれている」という気持ちを持ってもらえます。

例えば、「下請け企業」や「外注先」のことを、「協力会社」とか「ビジネスパートナー」と呼んでいる会社があります。そうした会社の人に説明する場合には、あなたも「協力会社」「ビジネスパートナー」という言葉を使いましょう。

言葉には、その人やその会社の「考え」や「思い」がこめられています。ですから、相手の使う言葉と同じ言葉を使うと、「自分と似ている」「自分を理解してくれている」という気持ちを持ってもらうことができ、説明を聞いてもらえるようになるのです。

POINT

相手の使う言葉と同じ言葉を使って説明すると、相手が受け取りやすくなる

「数字のたとえに使える主な事例」

項目	たとえの基準
広さ（面積）	東京ドーム建築面積： 46,755平方メートル
高さ	ビル１階分の階高： 3.25メートル～3.75メートル
厚み	コピー用紙： 約0.07ミリメートル
太さ	髪の毛の直径（日本人女性）： 約0.08ミリメートル
明るさ（照度）	満月の夜： 約0.2ルクス
速さ	東海道新幹線（のぞみ）の最高速度： 285キロメートル／時
水量	一般家庭の浴槽： 200リットル～280リットル
電気使用量	１世帯当たりの年間使用量： 4,175キロワットアワー／年（※）
二酸化炭素排出量	１世帯当たりの年間排出量： 2.74トン／年（※）

※令和３年度実績（環境省）

参考URL

気象庁リーフレット「雨と風（雨と風の階級表）」
https://www.jma.go.jp/jma/kishou/books/amekaze/amekaze_ura.png

第3章

わかりやすい説明の組み立て方

29

説明は「大」から「小」へ

説明するとき、「何をどう説明するのか」、内容や手段を気にしがちです。でも、もっと大事なことがあります。それは「説明の順番」です。説明するときには、「これからこんな話をしますよ」という**大まかな全体像を最初に示しましょう。**

例えば、あなたが外出する際に、家族から急にこんな風に声をかけられたとします。

「牛肉200グラム買ってきてくれない？」

「あと、タマネギ、ニンジン、ジャガイモ、それぞれ1袋ずつ」

こちらの受け取る準備ができていないのに、突然いくつものボールを投げられたような感じがしませんか。でも、最初にこんなひと言があったらどうでしょうか。

「今日の夕食は肉ジャガにするから、材料を買ってきてくれない？」

情報の受け手であるあなたの頭の中に、「肉ジャガの材料」という受け皿ができるので、次の具体的な材料に関する情報を受け取りやすくなりますよね。さらには、「何の話をしようとしているのか」を知ることができると、説明を聞くときの「注意の向け方」も変わります。

例えば、「肉ジャガを作るなら、しらたきは買わなくていいのかな」と、より一歩突っ込んで、相手の説明を聞くことができます。もし、献立がカレーライスなら、「ルーは買わなくていいのかな」と思うのではないでしょうか。

新聞やネットニュースでも、必ず「タイトル」や「見出し」があります。そのおかげで、私たちは本文を全部読まなくても、記事の大まかな内容を理解できます。また、自分にとって関心のある記事かどうかを判断することができています。

説明するときには、いきなり具体的な細かい話から始めるのではなく、**これから伝えようとする話の全体像や目的を最初に伝える**ようにしましょう。

POINT

説明を始めるときは、最初に「全体像」を伝える

30

説明の締めは「小」から「大」へ

29項で、説明は「大から小」、つまり「全体像」から始め、そのあとで具体的な細かい説明をしましょうという話をしました。それだけでも、わかりやすい説明になりますが、聞き手の理解を一層深めるためのコツがあります。それは、**最後にもう一度「全体像」を伝える**ことです。

最初に伝える「全体像」は、相手に「情報を受け取る受け皿」を作る目的があります。一方、**最後に伝える「全体像」は、相手に「何を受け取ったのか」を確認してもらうことが目的**です。

例えば、ある洋菓子店のシェフを務めるAさんについて説明する場合で考えてみましょう。

「Aさんは、地元産の材料を使うことにこだわり、地域の発展に貢献しています（全体像）。例えば、地元の特産品である八丁味噌を使った洋菓子を作っています。また、使用している油は、地元の油脂メーカーから仕入れています。さらに、地元の郷土料理に模したお菓子が話題になっています（具体例）」

ここまででも、Ａさんがどんなシェフなのかは伝わりますが、最後にもう一度全体像を加えてみるとどうでしょうか。

「Ａさんは、地元産の材料を使うことにこだわり、地域の発展に貢献しています（全体像）。**例えば、地元の特産品である八丁味噌を使った洋菓子を作っています。また、使用している油は、地元の油脂メーカーから仕入れています。さらに、地元の郷土料理に模したお菓子が話題になっています**（具体例）。

このように、Ａさんは地元産の材料を使うことにこだわり、地域の発展に貢献しています（全体像）**」**

具体例のあとに、もう一度全体像を入れて話をまとめると、話の内容についての理解が深まります。また、どんな話だったのか、印象を強く残すこともできるのです。

POINT

説明を終える前に、もう一度「全体像」を伝える

31

「事実」が先、「私見」があと

ビジネスパーソンにとって、「報・連・相（報告・連絡・相談）」は基本ですよね。「報告」「連絡」「相談」のどれを行うにしても、**大事なのは「事実から伝える」**ということです。

なぜなら、ビジネスの場では「事実」は「判断の材料」になっているからです。

例えば、取引先との商談から戻ってきたAさんが、上司から「商談はどうだった？」と聞かれて、こう答えたとしましょう。

「先方の反応はまずまずまずでした」

何が「まずまず」だったのか、さっぱりわかりませんよね。「あなたの感想は要らないよ」と言われるのがオチです。

「今日の商談には、先方のB課長も同席していました。B課長から、『この見積額で明日の部内会議にかけてみるよ』と言われました」

このように「事実」を伝えたら、どんな状況だったのか、相手にもわかります。

また、Aさんは「まずまず」だったと思っていても、上司は「あの会社のC部長は、見積の査定が厳しいから、部内会議で値下げの話が出るかもしれないな」と思っているかもしれません。その場合、「さらに値下げを要求されたときのために対策案を準備しておこう」と次の行動に展開することもあるでしょう。

ビジネスの場で大事なのは、客観的な「事実」です。**「あなたはどう思うの？」と聞かれて初めて、自分の意見を伝えるくらいでちょうどいい**のです。

そして、自分の意見を伝えるときには、「ここからは私見ですが」と前置きしたうえで説明しましょう。どこまでが「事実」で、どこからが「意見」なのかがわかると、相手にとってわかりやすい説明になります。

POINT

ビジネスの場では「事実」から伝える

32 意見を求められたら、「私見」が先、「事実」があと

31項で「事実から伝える」という話をしました。でも、いつでも事実から伝えるべきかというと、そうとは限りません。「○○の件について、あなたはどう思う?」と**意見を求められたのなら、「先に自分の意見や解釈を伝え、その理由として事実を伝える」という順番で説明**しましょう。

けれども、「事実→私見」の順番に固執していると、どうなるでしょうか。

「○○の件について、どう思う?」
「その件ですか。実は以前にこんなことがありました」

このように、事実から話し始めると、問いかけをした相手の頭には「?」が浮かぶことでしょう。「私の質問に答えてくれていない」という気持ちを、相手に抱かせてしまうかもしれません。「どう思う?」と聞かれているのですから、「こう思う」と答えるのが先で

す。そのうえで、なぜそう思ったのか、理由となる「事実」を付け加えましょう。

「○○の件について、どう思う?」

「私はこう思います。なぜなら、以前にこんな事実があったからです」

このように答えたら、相手の質問に答えた形になっていて、話がかみ合いますね。しかも、「なぜなら」と理由が示されているので、納得感が増します。

特に、**あなたが何らかの判断をする立場にいる場合、自分の意見だけを伝えるのではなく、その根拠となる事実もあわせて伝えましょう。**「こうすればよい」と言うだけより、「なぜそう思ったのか」を伝えることで、相手の理解が深まったり、新たな気づきを与えたりすることができるからです。

POINT

私見には根拠となる事実を付け加える

33 ストーリーで説明する

あなたは説明を聞くのが好きですか。説明書を読むのは楽しいですか。おそらく答えは「ノー」なのではないでしょうか。私たちは、「興味のないこと」「自分にとって必要ではないこと」に対して、時間を使いたくないものです。

ビジネスの場における**説明の最終目的は、「相手に動いてもらうこと」**です。そのためには、「なるほど！」「いいね！」「やらないとまずいかも」というように、**相手の心を動かすことが必要**です。その**「心を動かす」のに使えるのが「ストーリー」**です。特に、私は「教訓」として伝えたいことを、「ストーリー」で説明していました。

私の職場で「設備の異常を知らせる警報を、センサーの誤動作と思い込んで、現場の状況を確認せずに放置し、異常の発見が遅れた」というミスが発生したときの例を紹介します。

通常、こうしたミスが発生すると、状況を整理し、原因を追求して、対策を立て、手順書を作ったり、チェックリストに確認項目を加えたりということをします。あわせて、同じミスをしないよう、社員に再教育を行います。

このとき、ただ一連の経緯を説明して、「手順書を作成したので、これを守るように」と伝えても、社員の心にはなかなか届きません。逆に、「また面倒なルールが1つ増えた」と思われてしまう可能性もあります。

そこで、一連の経緯を「ストーリー」にして伝えるようにしました。早い話が、次のように「再現ドラマ」のようにして伝えるのです。

「昼休みの時間、Aさんが監視室でひとり仕事をしていると、設備の異常を知らせる警報が鳴りました。確認すると、先日からたびたび警報が出ていた設備でした。いずれもセンサーの誤動作が原因で、設備そのものの異常はなかったと聞いていたので、今回も誤動作だと考え、設備の確認をしに行きませんでした。……」

このようにストーリーにすると、相手は「自分事」として捉えやすくなります。そのうえで、どうすればよかったかを考えてもらうと、ミスの再発を防ぐ効果が上がりました。

POINT

退屈な話ほど、ストーリーにして伝えると、聞き手の心に届く

34 話のボリュームを最初に示す

キャッチボールをするとき、相手の状況にお構いなくボールを投げたりしませんよね。相手がボールを受ける準備ができてから、ボールを投げるのではないでしょうか。説明するときも同じです。**説明を聞く体勢になってもらうことが大事**です。

そのために、まず「これからこんな話をします」という全体像を示します。

さらに、よりしっかり受け止めてくれるように、やっておくといいことがあります。それは、話のボリュームを伝えておくことです。**「いくつの内容を話すのか」を示しておくと、相手の頭の中に「受け皿」を作ることができます。**

例えば、次のような説明は、ダラダラした感じがしませんか。

「保管上の注意点ですが、20℃以下の温度で保管してください。また、水がかからないようにしてください。それから、容器の蓋はしっかり閉めてください。あとは……」

話を聞かされている側になってみると、話の内容よりも、「この話はいつまで続くのか」というほうが気になって集中できなくなってしまいます。結局、「20℃以下とか、水がかからないようにというところまでは覚えているけれど、あとは何だったっけ？」というようなことになりかねません。

「保管上の注意点ですが、4つあります。1つめは、20℃以下の温度で保管すること。2つめは、水がかからないようにすること。3つめは、容器の蓋をしっかり閉めること。4つめは、……」

このように、最初に「4つあります」と伝えると、相手も4つの話を受け止める準備ができます。こうすることによって、相手は「今は4つのうちの3つめだな」というように、話を整理しながら聞くことができるようになります。

POINT

いくつ話すのかを先に伝えると、
相手は話を受け止める準備ができる

35 話す長さを最初に示す

34項で、説明を聞く体勢になってもらうには、「いくつの内容を話すのか」を先に示すことが大事だという話をしました。もう1つ、大事なことがあります。それは、**「どのくらいの時間話すのか」を示す**ことです。

学校の始業式などで、いつ終わるのかわからない校長先生の話を聞くのが苦痛ではなかったでしょうか。私たちは、「終わり」が見えないと、不安になるものです。**「これから5分お時間をいただいて、概要を説明致します」のように、どのくらいの時間なのかを先に示してもらえると、私たちは安心して話を聞くことができます。**赤信号の待ち時間表示があることで、信号待ちのイライラが軽減されるのと似ていますね。

また、「説明に要する時間」と「内容の複雑さ」は密接に関係しています。「5分程度」と言われれば、それほど大した話ではないとわかりますが、「30分」と言われると、込み入った話なのかなと思います。

ですから、取引先や上司など、人に報告や相談をするときは、どのくらいの時間がかかるのかを先に伝えましょう。「ちょっとお時間いいですか?」とだけ聞かれても、仕事の手を休めて聞く程度でいいのかどうか、相手は判断できないからです。

「5分ほど」と言われれば、相手は「イエスかノーで済む話かな」と想像できるので、よほど取り込み中でない限り、「今いいですよ」と言ってくれるでしょう。「30分ほど」と言われれば、相手は「このあと会議があるから、それが終わってからがいいな」「じっくり聞いたほうがよさそうだから、ちゃんと時間を作ったほうがいいかもしれないな」と考えることができます。

最後に、**時間を宣言したならば、その時間を厳守**しましょう。大幅に時間を超えたら、かえって相手をイライラさせてしまいます。

POINT

どのくらいの時間話すのかを先に伝えると、相手は安心する

36

1センテンス1メッセージ

「1つの文が長い」というのも、「結局何が言いたいのかわからない」と言われてしまう原因の1つです。ちょっとお恥ずかしいですが、私が以前、実際に書いた文を「よくない例」として紹介します。

【私が読んだ「日傘をさす女性は日本だけ⁉」というタイトルの記事は、日本を訪れていた中国、韓国、タイなど、9カ国の女性に日傘についてインタビューしたもので、それによると、彼女たちは一様に「日傘は使わない」と答え、中には「日傘をさす姿はちょっと変に感じる」と答えた女性もいたそうです。】

とても読みづらいと感じたのではないでしょうか。文字数は句読点も含めて139字。そのうえ、多くの情報が詰め込まれているので、読者は追いついていけません。思いついたまま情報を並べているので、何が主語で何が述語なのかもわからなくなっています。

簡潔でわかりやすい文章にするには、「1つの文に1つのメッセージ」を心がけましょう。また、**1つの文の文字数は、60字前後に収める**と、スッキリと簡潔な文になります。

このことを踏まえて、さきほどの文を書き直してみると、こうなります。

【私が読んだのは、「日傘をさす女性は日本だけ!?」というタイトルの記事です。この記事は、日本を訪れていた中国、韓国、タイなど、9カ国の女性に日傘についてインタビューしたものです。記事によると、彼女たちは一様に「日傘は使わない」と答えたそうです。中には「日傘をさす姿はちょっと変に感じる」と答えた女性もいたそうです。】

最初の例と比べて、情報がスッと頭に入ってくるのではないでしょうか。書き直したほうの総文字数は155字。最初の文よりトータルの文字数は増えましたが、随分と簡潔になった印象がありますよね。

1つの文はできるだけ短くし、1つの文で伝えることは1つに絞りましょう。

POINT

1つの文で伝えることは1つだけにする

37

人が受け取れるのは3つまで

「マジカルナンバー」という言葉を聞いたことがありますか。

これはアメリカの心理学者であるジョージ・ミラー教授が1956年に発表した論文の中で提唱したものです。ミラー教授は、「人が短期的に記憶できる情報のかたまりの数量は7±2である」と主張しました。

その後、2001年には、同じくアメリカの心理学者であるネルソン・コーワン教授が「人が短期的に記憶できる情報のかたまりの数量は4±1である」と発表しました。

これらの研究結果からわかることは、**「人は一度に多くのことを覚えられない」**ということです。コーワン教授の説に従えば、一度に記憶できるのは、最も少ない場合で3つということになります。

例えば、年末によく出てくる「今年の十大ニュース」を見て、10個すべてを覚えることができる人は少ないのではないでしょうか。でも、3つくらいなら覚えていられそうですよね。本書は100項目もあるので、もちろん一気にすべてを覚えることはできません。

「3」というのは、私たちにとって「馴染みのある」数字のようです。

例えば、オリンピックのメダルは「金・銀・銅の3つ」、色や光は「3原色」です。他にも、「三大文明」「御三家」などがあります。「3」という数字は、まとめるのにちょうどいい数字なのです。

ですから、**説明するときにも、「3」という数字を意識しましょう。**

私たちは、ついつい「あれもこれも」と多くのことを伝えたくなるものです。でも、「ポイントは10個あります」と言われても、相手は10個も受け取れません。

「ポイントは3つ」「今日お伝えすることは3つ」のように「3つ」に絞ると、相手にとって受け取りやすい説明になります。

POINT

伝えたいことは「3つ」に絞る

38 共通項を探し出してひと言にまとめる

この章で何度かお話ししてきましたが、人は基本的に「長い話」を聞かされたり、「長い文章」を読まされたりすることを好みません。あなたも、ネット記事を読むとき、「タイトル」を見て本文を読むか読まないか、判断していませんか。

「タイトル」は本文の内容をズバリひと言で表したものです。ビジネスの場における説明でも、**「ズバリひと言で表すと何か」を説明できるようにしておきましょう。**

本質を突いた「ひと言」を導き出すためのコツは、**説明しようとしている内容に関する具体的な情報を書き出す**ことです。

次に、**書き出した情報から共通項を探し出します。**例えば、似たようなキーワードが含まれていないか、共通する特徴はないかといった視点で探し出します。このとき、**「つまり、それはどういうこと？」「他の言い方をするとしたら？」と自分に問いかけていくと、共通点を表す言葉が出やすくなります。**

新しい掃除機の特徴をひと言で表す場合を考えてみましょう。
新しい掃除機には3つの特徴があります。「コードレス」「急速充電可能」「スイッチを押すだけで、手を汚さずにゴミを捨てられる」。この中から共通点を探していきます。
まずは「コードレス」について、「つまり、それはどういうこと？」と自分に問いかけてみましょう。すると、「移動が簡単」「どこでも掃除できる」などの言葉が思い浮かんできます。「急速充電可能」「スイッチを押すだけ」からは、「速い」「手間がかからない」などの言葉が出てきます。すると、3つの共通点として、「簡単」とか「速い」といったキーワードが浮かび上がってきますね。これらをまとめて、最終的に**「いつでもパパッと手間なし掃除」**のように、ひと言でまとめることができます。

実際、ひと言でまとめるのは、練習が必要です。日頃から、ニュースの見出しや本のタイトルを分析したり、「これをひと言で表すには？」と自分に問いかける習慣を積み重ねたりすることで、言葉を磨いていきましょう。

POINT

いつも「ひと言で表すとしたら？」を自分に問いかける習慣を持つ

39 プロフィールは「現在→過去→未来」で説明する

SNS全盛の今、自分のブログやホームページにプロフィールを載せたり、参加しているコミュニティで自己紹介をしたりと、自分のことを説明する機会が増えた方も多いのではないでしょうか。また、起業や副業をしている方、これからしようとしている方にとって、プロフィールは重要です。

プロフィールで大事なことは、「あなたは何をしてくれる人なのか」を相手に伝えることです。ところが、まるで履歴書のようなプロフィールを見かけることが少なくありません。

履歴書は、学歴や職歴など、あなたの人生を過去から時系列で書きますが、**プロフィールは、「現在→過去→未来」の順で説明**しましょう。

なぜなら、相手が知りたいのは「今のあなたが何をしている人なのか」だからです。ですから、今やっている仕事について、**「誰に」「どんな価値を」「どのように提供している」のかを、最初に説明する**必要があります。

そのうえで、「今の自分」を裏付けるものとして、あなたの「過去」を説明しましょう。今の仕事をするようになった「きっかけ」や「経緯」「過去の実績」などです。ここで重要なのは、**「今の自分の仕事」につながる「過去」に絞る**ことです。

例えば、「今は経営者向けのコンサルタントとして、組織づくりのサポートをしているが、以前は保育士だった」という場合で考えてみましょう。「保育園の組織改革に携わった」という経験が今に生かされているのであれば、「過去」と「現在」がつながります。

一方、「保育士の時代は、絵本の読み聞かせが得意だった」というように、「現在」と直接つながらない「過去」が突然登場すると、「それが今とどう関係しているのだろう？」と相手に疑問を抱かせてしまいます。従って、あなたにとっては大事な過去でも、「今、相手に知ってもらいたい情報に直接つながらない過去」は、思い切って割愛します。

最後に、あなたが今の仕事を通じて、どんな未来を実現したいのか、自分の想いをひと言添えると、応援してもらえるプロフィールになります。

POINT

プロフィールは、「現在の自分」に「過去」と「未来」をつなげる

第4章

おもしろいほど提案が通る説明

40 「皆にわかって欲しい」を捨てて、「あの人にわかって欲しい」にする

あなたが書いたセールスレターを読んだお客様から、「お宅のサービスをぜひ受けたいです」と言ってもらえたり、会社から「今度のあなたの提案、とてもよかったから、一度やってみましょう」と言ってもらえたりしたら、嬉しいですよね。

そう言ってもらうために**大事なのは、あなたの説明する内容を「誰に届けるのか」ということ**です。ここで言う「誰」とは、**「顔の見える具体的なひとり」**です。

例えば、中小企業の経営をサポートするコンサルタントが、次のようなセールスレターを書いたとしましょう。

「社員が定着せず、採用疲れ、教育疲れを感じている経営者の方へ。若手社員が生き生きと働く職場づくりをサポートします」

「社員が定着しない」という悩みを抱えている経営者は多いので、たくさんの方に届きそうな感じがします。でも、これでは心に刺さりません。「まぁ確かに、うちの会社もそうだな」と思われるだけで、自分事として受け取ってもらえないでしょう。

「社員が定着しないという悩みを抱えている経営者」に万遍なく届けようとした結果、「採用疲れ」とか「生き生き」などといった抽象的な言葉を使ってしまっているからです。

「皆」よりも「顔の見えるたったひとり」に絞り込むと、「その人はどんな悩みを口にしているか」「どんな職場になったら嬉しいと言っているか」と、具体的にイメージしやすくなります。すると、先ほどのセールスレターは、こんな風に書くことができます。

「社員が定着せず、履歴書の確認や面接ばかりに時間を取られている経営者の方へ。若手社員が自らどんどん提案してくるような職場づくりをサポートします」

具体的なイメージが湧くと、人は「自分事」として受け止めやすくなります。「そんなに絞り込んだら、その他大勢の見込み客に届かないのではないか」と不安に思うかもしれませんね。でも、**「皆にわかって欲しい」と思うと力が分散してしまい、結局「誰にもわかってもらえない」ことになりかねません。**思い切って「たったひとり」に絞ることで説得力は増すのです。

POINT

顔の見える「たったひとり」に届けるつもりで説明する

41

相手によって刺さる言葉を変える

40項で、「顔の見える具体的なひとりに届ける」ことが重要であるという話をしました。具体的なイメージが湧くと、人は「自分事」として受け止めやすくなるからです。実際、関心のあることや困っていることは、人によって違います。ですから、**相手によって刺さる言葉を変える必要がある**のです。

例えば、「社員が定着しない」という問題を抱えている会社について考えてみましょう。経営者や採用担当者は「採用にかかるコストが膨らんでいる」「採用に関わる仕事に手を取られて、本来やるべきことができない」「待遇面では大企業に太刀打ちできない」というような言葉があると、「そうそう」と共感してくれるでしょう。

しかし、現場の係長クラスのリーダーに対してだったらどうでしょうか。「採用コスト」とか「面接などに時間が取られている」といったことよりも、「新人がすぐに辞めてしまい、自分のリーダーシップに自信がない」とか「どうしたら部下と信頼関係が築けるだろうか」という言葉のほうが刺さるはずです。

営業部門の管理職に対してなら、「担当者がコロコロ変わると、お客様からのクレームにつながる」などのほうが、自分事として受け止めてくれます。

このように、説明する相手によって刺さる言葉を変えると、「まったくその通りです。どこかで私のことを見ていましたか？」などと言われるようになります。

相手が普段からどのような悩みや不満を口にしているのか、どうなりたいと思っているのか、**相手をしっかり観察し、実際に口にしていたセリフを書き留めておきましょう。**また、自分が相手の立場に立ってみて、そこで感じたこともノートに書き留めておくといいです。

こうして「材料」を集めたうえで、相手の抱えている悩みや不満を、あなたならどう解決できるのか、解決したらどのような感情を味わえるのかを具体的に示すと、「あなたにお願いしたい」と言われるようになります。

POINT

相手をよく観察して言葉を選ぶ

42 相手のさらにその先にいる相手を意識する

ビジネスでは、説得しなければならない相手が、目の前にいないこともあります。例えば、商談の相手が決裁権限を持たない担当者といった場合です。目の前の相手が納得してくれても、その先にいる決裁者が納得してくれなければ、商談は成立しません。

「決裁者を納得させるのは、相手（担当者）の仕事」と割り切ってしまうのではなく、**「自分の代わりに決裁者に説明してくれる仲間」と考えて、説明の仕方を工夫しましょう。**

具体的には、決裁者は判断を下す際に、普段からどのような質問をしてくるのか、どのような資料が好まれるのかなどといった情報を、担当者から入手しておきます。その情報をもとに、資料を準備し、「この内容を決裁者に説明してください」と伝えておくのです。

私は、商談ではありませんが、コスト削減のための対策を生産部門によく提案していました。

あるとき担当者に、「この対策を行うことで、年間○○円のコスト削減ができる」といったメリットや、具体的な進め方を話して好感触を得ました。ところが、生産部門の担当者が上司に報告すると、上司から「他の工場では同様なことを行った実績はあるのか」「コスト削減ができることはわかるが、どのようなリスクがあるのか」といった質問が出てきたのです。それで、私は質問に対する回答を作り、再度生産部門の担当者に送り、先方の上司へ説明してもらいました。

このように、何度か質問のやりとりが発生すると、お互いに手間が増えて仕事が先に進みません。それればかりでなく、「十分に考えないまま仕事を進めている」という印象を決裁者に与えてしまいます。

決裁者が気にしそうな内容を事前に考えたり、以前に聞かれたことをメモに残しておき、想定問答集を作っておいたりすることで、段々と一発で提案が通るようになりました。

決裁者は担当者より視座が高いので、どんな質問をしてくるのか担当者では想像できないこともあるでしょう。そんなときは、「この提案を決裁する立場だとしたら、どんなことが気になりますか」と自分の上司に相談してみるのも、1つの手です。

POINT

担当者の先にいる決裁者に
説明するつもりで準備をする

43

商品の説明はスペックではなく、どんな変化が起きるのかを説明する

スマートフォンを買い替えようとショップに行ったとします。何がいいのか迷っていたら、店員さんが近づいてきて、説明を始めました。もし次のような説明だったら、あなたはどう感じますか。

「こちらの機種が人気ですよ。CPUは○○を搭載していて、処理速度が従来と比べて20%アップしています。また、RAMは12GB、カメラは望遠・超広角にも対応していて……」

あなたが、スペックに関心があるのなら、この説明でもいいかもしれません。でも、そうでなければ、「だから何なの?」と思うのではないでしょうか。

私たちは、商品が持つスペックが欲しいから買うのではなく、その商品が私たちにもたらしてくれる**「嬉しい変化」**を期待して購入しますよね。ですから、**「どんな変化が起きるのか」をお客様に説明する必要があります。**

例えば、さきほどのスマホの例で言えば、次のような説明をすると、お客様に「欲しい」と思ってもらえるようになります。

「CPUは○○を搭載していて、処理速度が従来と比べて20%アップしている他、RAMも12GBなので、最新の3Dゲームもストレスなく楽しむことができます。また、一眼レフ並みの写真を撮影できますから、旅先にわざわざカメラを持って行かなくても、本格的な美しい写真を撮ることができます」

これは商品の説明に限らず、自己紹介でも同じです。

「自分はこんなことができる、あんなことができる」と、できることばかり並べるのではなく、それによって「誰の何に貢献できるのか」を説明しましょう。そうすれば、「自分」という商品を相手に買ってもらえるようになります。

POINT

商品が私たちにもたらしてくれる「嬉しい変化」を説明する

44

「欲しい」を引き出すテレビショッピング型説明

真夜中にたまたまテレビショッピングを見ていたら、紹介されている商品がつい欲しくなって衝動買い。あなたにもそんな経験はありませんか。

テレビショッピングには、売るための「型」があります。

まず導入部で、「こんなことにお悩みではありませんか?」と、視聴者の困りごとを見せています。「最近お腹周りが気になる」「浴室の頑固なカビ汚れが取れない」「布団がかさばって、押入れがいっぱい」といった、具体的な悩みが示されることで、同じ悩みを持つ人は「そうそう」「それ、私のこと?」と思います。

次に、この商品を購入したら、こんな未来が待っているという「理想の未来」が示されます。お腹周りがぽってりしていた人がすっきりスリムな体になっている、真っ黒なカビ汚れが簡単に落ちて浴室がピカピカになっている、布団がギュッと圧縮されて押入れにスペースができている……。こうすることで自分の欲しい「理想の未来」が具体的にイメージでき、「そうなれるなら、いいな」という気持ちになります。

そして、実演したり、科学的な根拠を示したり、専門家や有名人のコメントや購入者の感想が紹介されたりします。客観的な根拠や第三者の証言があることで、商品への信頼感が増すのです。

最後に、「期間」や「数量」を限定したり、特別割引や特典をつけたりして、視聴者に「今買わないと!」という気持ちにさせて、購入を促します。

43項で、「商品のスペックではなく、変化を説明する」という話をしましたが、テレビショッピングでも**商品のスペックに関する説明より、どんな変化が起きるのかというところに多くの時間を割いています。**そして、その気はなくてもつい欲しくなってしまうのは、やはり**視聴者の持っている悩みや感情をありありと見せている**からだと思います。

テレビショッピング型の説明を参考にして、相手の「欲しい」を引き出しましょう。

POINT

相手の悩みと欲しい未来をありありと見せる

45

最終的な選択は相手自身にしてもらう

「Aという商品とBという商品は、どう違うのですか?」とお客様から質問をされたとき、あなただったらどう答えますか。以前の私は、こんな風に説明していました。

「Aは○○という特徴があって、Bは□□という特徴があります」

つまり、私はAとBの違いを説明していました。

これは、聞かれたことに答えているように見えますが、実は違います。

相手が本当に知りたいことは、「自分の今持っている課題を解決する方法」です。

「AとB、どちらも解決できそうだけど、何が違うのかな」と思っているところに、AとBの違いだけを説明されても、「で、どうすれば?」と戸惑ってしまうだけです。

そういう場合は、**「AとBにご関心があるのですね。どんなお困りごとを解決したいのですか?」**と、相手の質問の目的を先に聞きましょう。すると4ページのような「英語学習プラン」で悩んでいるお客様なら、「自分が経営する飲食店に外国人観光客が来るようになったが、何を言っているか聞き取れないし、メニューの説明もできない」などと答えてくれるでしょう。

このとき、あなたが「その悩みを解決するなら、Bのほうが合っているな」と思っても、すぐに答えてはいけません。**AとBそれぞれのビフォーアフターについて事例を紹介するのです。**「Aであれば英語学習を継続する習慣ができます。Bであれば英語で伝えようとする度胸がつきます」のように紹介したら、その後に「お客様の課題なら、どっちのほうがいいと思いますか？」と聞きましょう。**「解決した先の未来」が見えていると、相手も選びやすくなります。**

「Bかな？」と相手が返してきたら、なぜそう感じたかを聞いてみます。そのうえで、「私もBのほうが合っていると思います」と伝えると相手の納得感が高まります。

もしも、こちらはBのほうが合っていると思うのに、相手が「A」を選択したら？やはり、その「選択の理由」を聞いて、自分と相手の解釈の「どこに違いがあるのか」を探ります。その違いを紐解いていくと、お互いに納得のいく答えが得られます。

POINT

「私はこちらにしたい」と相手に意思決定してもらう

46

判断材料となる事実を集める

上司から見て、「優秀な部下」とはどんな部下だと思いますか。「バリバリ成果を上げる部下」「素晴らしい提案をしてくれる部下」「言われたこと以上に仕事を仕上げてくる部下」など、いろいろなイメージがあると思います。

私が会社員時代、「優秀だな」と感じた部下には、ある共通点がありました。それは、**「判断材料」となる事実を数多く集めている**ということです。特に、トラブルが発生したときなど、その場ですぐに判断しなければならない場面では、判断に必要な材料を集めて報告してくれるので、本当に助かりました。

このやり方が活きるのは、緊急時だけではありません。新しい企画を通すとき、設備投資をするとき、仕事を受注するときなど、ビジネスのさまざまな場面で必要とされます。

「A社の見積は30万円、B社の見積は33万円でした。A社のほうが安いので、A社に発注してもいいでしょうか？」
　こんな風に判断を求められても、「見積額」だけでは決められないことがありますよね。納期に違いはないのか？　支払い条件は？　アフターサービスは？　など、判断に必要な情報は1つとは限りません。**よりよい判断をするためには、より「精度の高い事実」を集め、それらを整理することが大切**です。

「A社とB社を比較しました。金額、納期、支払い条件、アフターサービスなどの項目について表にまとめました。総合的に評価するとB社がいいと考えられますが、いかがでしょうか？」

　このように判断を求められたら、上司は判断しやすくなります。上司と言えども、何でもできて、何でも知っているスーパーマンではありません。上司がよりよい判断を下せるように、よりよい材料を集めましょう。

POINT

判断を仰ぐときは
精度のいい「材料」を集める

47

五感を使って情報を集める

仕事では状況の説明をしなければならない場面が多くあります。そのとき、どれだけ精度の高い事実を集められるかによって、説明のわかりやすさは変わります。

精度の高い事実を集めるためには、五感をフル活用しましょう。

例えば、あなたが新製品の販売状況を確認する目的で店舗を視察し、そこで確認した状況の報告をするとします。こうした報告は、「お客様の様子や店舗の見た目はどうだったか」というような、「見たこと」が中心になりがちです。写真を見せて説明する人もいるでしょう。

でも、情報は「見たこと」から得られるものだけではありません。「聴覚」を使えば、「お客様や店員は、どのような言葉を発していたか」といった情報を収集できますよね。お客様と店員のやりとりを聞いたり、直接感想を聞いてみたりするのです。

さらには、競合他社の商品を実際に触ってみたり、口にできるものであれば味わってみたりして情報を得ることもできます。**五感を活用すると、得られる情報量は多くなります。**

私は仕事で機械の点検をすることがありましたが、視覚だけに頼っていると、故障の前兆を見逃してしまいます。そのため、「いつもと違う音がしていないか」「いつもより熱くなっていないか」「焦げ臭くないか」というように、五感をフル活用して点検をしていました。こうすると、機械の異常を早期発見できるだけでなく、「いつもの状態と比べて、何がどう違うのか」を詳細に報告することができるのです。

また、第5章で詳しく述べますが、「人には利き手や利き腕があるように、視覚、聴覚などの感覚も人によってよく使うものが違う」と言われています。私たちは普段、**無意識に自分にとって得意な感覚を使って情報を得ています。**それゆえに、意識的に五感を使うようにすると、見えていなかったもの、聞こえていなかったもの、感じていなかったものに気づけるようになります。そうして得た情報は、解像度が高く、具体的です。結果、わかりやすく相手に説明することができるようになるのです。

POINT

五感を活用することで、状況説明の解像度を高くする

48

数字と根拠を示すと説得力が増す

ビジネスに「数字」はつきものです。**具体的な数字と根拠を示すと、説得力は格段に上がります。**逆に、数字も根拠もないと、説得力が乏しいので、人はなかなか動いてくれません。

私は職場の節電活動を進める仕事をしていましたが、こんな伝え方をしていたときには、活動はあまりうまく進みませんでした。

「この部屋は明るすぎます。節電のために、もう少し暗くしましょう」

話を聞く側にとっては、「明るすぎる」と言われても、今までそれが普通だったのですから、ピンとこないでしょう。また、「もう少し暗く」と言われても、具体的に何をしたらいいのかわかりませんよね。

そのことに気がついて、私は次のように、数字と根拠を示して説明してみました。

「この部屋の明るさを示す照度は６００ルクスでした。法律によると、事務所で必要な照

度は300ルクス以上と定められています。つまり、今の半分の明るさまで省エネすることができます」

こうすると、「明るすぎる」という根拠が明確になりますし、「職場の電灯の半分は、消しておいても大丈夫だ」ということがわかります。すると、「じゃあ、この列の電灯は1つおきに消すことにします」というように、職場の人たちが自分から動いてくれるようになりました。

さらには、「節電によって、月○○円の電気代を減らすことができます」と、金額も数字で具体的に示すと、節電に対するモチベーションはさらに高まりました。

このように、数字と根拠を示すと、説得力のある説明ができるだけでなく、相手も納得して動くことができるようになります。

POINT

客観的なデータや情報があると、人に動いてもらいやすくなる

49 計測器などを使って数値化する

「明るい・暗い」「暑い・寒い」「うるさい・静か」など、感覚的なものは「見えないもの」です。これらは、人によって感じ方がさまざまです。自分が「明るい」と思っていても、相手は「それほど明るくない」と思っていることもあるでしょう。自分と相手との間に、このような「解釈のズレ」があると、相手に納得してもらうのは容易ではありません。

こうした**「感覚的なもの」は「数字」として見える形にすると、納得感が高まります。**なぜならば、「数字」は誰が見ても同じ事実だからです。

数字は計測器を使って測定することができます。

例えば、明るさを測定するなら「照度計」、温度なら「温度計」、騒々しさなら「騒音計」を使えば、「今ここで起きている現象」を「数字」で目に見える形にすることができます。「体温計」や「血圧計」といった医療用の測定器も、目には見えない体の状態を数値化してくれています。そのおかげで、私たちは今の状態が正常かどうか判断することができます。

コロナ禍では、室内の二酸化炭素濃度を測定して表示する「二酸化炭素濃度測定器」を設置しているお店が増えました。これも、室内の環境を見える形にした例です。

「感染症対策のために、換気をしています」と言葉でいくら説明しても、室内の空気の状態が見えなければ安心できない人もいたでしょう。「換気している」という言葉より、「二酸化炭素濃度」という数字で示されたほうが、説得力があります。

第3章でも書きましたが、ビジネスの場では「事実」は「判断の材料」です。どれだけ正しい事実を集めるか、どれだけ精度の高い事実を集めるかが大事です。その**「事実」を集めるのに役立つのが計測器などの、「数値化するための道具」**です。

感覚ではなく数値化すると、相手に納得してもらえる説明ができるようになります。

POINT

「感覚的なもの」は「数字」として見える形にする

50

数字も使いようでエモくなる！

「数字を使うと説得力が増す」という話をしました。しかし、ただ数字を使えばいいというわけではありません。**数字を用いる目的に合わせて、単位を変えたり、表現方法を変えたりすると、相手の感情を効果的に動かす説明ができます。**


例えば、これは私が実際に拝見したある方の自己PRです。

「社内で0・1％の人しかとれない社長賞を4度受賞」

「0・1％」と聞くと、「ごくわずか」ということはわかりますが、割合で示されると具体的なイメージがしづらいですよね。


では「0・1％」の部分をこのように変えてみたらどうでしょう。

「社内で1000人にひとりしかとれない社長賞を4度受賞」

「1000人にひとり」というと、「ごくわずかである」というイメージがくっきりと伝わってきませんか。

さらには、「4度受賞」となる確率は、（1／1000）×（1／1000）×（1／1000）で「1兆分の1」ですから、その数字を加えてみたらどうかと提案された方がいらっしゃいました。

「社内で1000人にひとりしかとれない社長賞を4度受賞。その確率は1兆分の1」としたら、確かに「すごさ」がより一層伝わりますね。

このように、数字を使って同じ事実を説明するときも、単位や表現の仕方を変えることでイメージが変わります。

数字を使って説明するときには、「自分はその数字を使って相手にどんな印象を持ってもらいたいのか」を考えましょう。希少性を感じて欲しいのか、多く感じて欲しいのか、安く感じて欲しいのか……。それぞれの目的に合わせて、単位を変えてみたり、表現方法を変えてみたりすると、相手の感情を動かす説明になります。

POINT

数字を用いるときは、説明の目的に合わせて、単位や表現方法を変える

51 数字の持つ「意味」を伝える

ビジネスで数字が重視されるのは、意思決定の判断材料になることが多いからです。**判断する際には、「他と比べてどうか」「計画と比べてどうか」「前年と比べてどうか」というように比較をしたり、「どの程度の割合なのか」と影響を確認したりします。**

例えば、今月の売上が100万円だったとしましょう。100万円という数字だけでは、よかったのかそうでないのか判断できません。比較対象となる基準がないからです。しかし、「前月の売上は50万円だった」という情報を加えてみたらどうでしょうか。売上が2倍になったことがわかり、いい結果だったと判断できるでしょう。

一方、「競合他社の今月の売上は150万円だった」という情報を加えてみたらどうでしょうか。「競争に勝つための戦略が必要だ」と判断できます。

このように**数字が持つ「意味」を伝えるときには、基準となる数字も一緒に示しましょう。**

あなた自身が目標の設定をするときも同様です。「今期の目標は、契約件数20件以上」だけでは、その目標が妥当なのかどうか判断できません。でも、「前年比25％アップ」などのように、基準となる数字情報があれば、「妥当な数字だ」とか、「もう少し頑張れるのではないか」と上司は判断することができます。

もっと身近なところでも、この考え方を生かすことができます。例えば、資料をコピーして配るときなどは、ページ数を、「1ページ、2ページ」というような単独の数字だけでなく、「1／8、2／8（8ページ中の1ページ、2ページ）」というように総ページ数も入れておくと親切ですね。バラバラになってしまったときにも、全部で何ページあるのかがわかれば、手元に集めたものが足りているのかそうでないのか、すぐにわかるからです。

数字情報を示すとき、基準となる数字も一緒に示すと、あなたは質の高い的確な判断材料を提供してくれる「デキる人」として見られるようになるでしょう。

POINT

判断基準となる数字を一緒に示す

52

間違えることで納得感が増す

南アフリカ人の男性と結婚した女性が、「多様性について考える」というセミナーで、こんな話をしてくれたことがあります。

「ビジネススクールを卒業した南アフリカ人の彼の親は、大学を卒業して官僚となり、首都のプレトリアに暖炉やプールのある戸建ての家を持っています。さて、彼の親はどんな人だと思いますか？」

皆さんも、彼の親がどんな人か思い浮かべてみてください。

私は「彼のお父さんはエリートなのだな」と思っていました。ところが、「彼の親」というのは「母親」でした。私は、「南アフリカ」「大卒」「官僚」「戸建ての家」という言葉から、勝手に「男性」をイメージしていたのです。

私は、アンコンシャスバイアス（無意識の偏見）の問題を知っていて、自分はそれを持っていないと思っていました。だから、この経験がなければ、「誰でもアンコンシャスバイアスを持っている」と言われても、「自分は大丈夫」と思い続けていたかもしれません。

学校のテストでも、すんなり正解した問題より、一生懸命考えたのに間違えてしまった問題のほうが印象に残ったのではないでしょうか。ビジネスの場でも同じです。

例えば新入社員の教育で「どうしてもこの部分は覚えておいて欲しい」というところや、相手に新しい視点や気づきを与えたいときには、**すぐに「正解」を与えるのではなく、考えてもらう時間を作りましょう。**そして、あえて間違えてもらうことで納得感を高めることができます。

ここでポイントなのは、**誰もがいかにも間違えそうな問いを出す**ことです。難しすぎる問題だと、相手が最初から考えるのを諦めてしまいます。逆に簡単すぎる問題は、「試されている」という印象を相手に与えてしまいます。誰もが持っている「思い込み」や「誤解」に気づいてもらうような問いを投げかけることがポイントです。もちろん、「間違えても大丈夫」という安全・安心の場にしておくことは言うまでもありません。

POINT

相手の思い込みに気づいてもらうために、あえて間違えてもらう

53

小さなYESを積み重ねて大きなYESを引き出す

いきなりですが、次の2つのパターンの会話を見てください。もしもあなたが質問を受ける立場だったら、どちらのパターンのほうが相手に好印象を持つでしょうか。


〈パターン1〉

「A社の新しいスマホが気になるっておっしゃっていましたよね？」

「そうです。気になっています」

「特にカメラの性能が気になっていたりしますか？」

「そうです、そうです」


〈パターン2〉

「A社の新しいスマホが気になるっておっしゃっていましたよね？」

「いいえ、気になっているのはB社のです」

「あ、B社でしたか。カメラの性能が気になっていたりしますか？」

「いえいえ、カメラにはこだわっていないので……」

おそらくパターン1のような「YES」を積み重ねていく会話のほうが、話が弾んで、相手に好印象を持つのではないでしょうか。なぜなら、「この人は私のことをわかってくれる」という信頼感が芽生えるからです。そのためには、この章の中で何度も申し上げていますが、相手がどんな悩みを持っているのか、何に関心があるのか、どんな感情を抱いているのか、**相手になりきって理解しようとすることが大事**です。

信頼関係を築いたあとも、話を進めていくときには、**相手の同意を得る**ようにしましょう。例えば、「A社のスマホについて、もう少し詳しい説明をしてもよろしいですか？」というように聞きます。これがもし、「A社のスマホについて、もう少し詳しい説明を致します」と同意を得ずに進めると、一方的で押しつけがましい印象を与えます。

小さな「YES」を積み重ねて、信頼関係を築き、同意を得ながら話を進めていくことが、最終的に大きな「YES」を引き出す近道になるのです。

POINT

相手を理解し、同意を得ながら話を進める

54

謝罪や失敗もチャンスに変えられる

ミスをしてしまったときや、クレーム対応で**謝罪をしなければならないときは、説明よりも、「申し訳ありません」と謝ることが先決**です。ただし、ただ謝ればいいというものでもありません。

「申し訳ありませんでした。以後気をつけます」というような謝罪は、「ただその場を丸く収めようとする言い逃れ」と受け取られかねません。

私も会社員時代、設備のトラブルで生産を停止させてしまい、生産部門へ謝罪に行くことがたびたびありました。そんなあるとき、謝罪の言葉というのは、相手の「どうしてくれるんだ！」という怒りの感情を受け取るためのものだということに気づきました。相手が本当に欲しているのは、「何が起きたのか」「何が原因だったのか」「また同じことが起きる可能性はあるのか」ということに対する回答だったのです。

ですから、私は「今の時点でわかっていることを説明してもいいですか？」と相手に許可を取ったうえで、事実関係、考えられる原因と応急処置について説明しました。その後、真の原因と対策案が明確になった時点で、もう一度、再発防止策について説明するようにしました。こうすることで、最後まで責任をもって対応してくれると、相手から信頼してもらえるようになりました。

ポイントは、**きちんと「事実」を伝える**ことです。

「私の確認不足だったようで……」というような言い方は、他人事のような感じがしますし、「確認したけど、不足していた」と、言い訳めいた印象を与えますよね。そうではなく、「本来はAを確認してから、Bという操作をする手順になっているが、Aを確認せずにBという操作をした」というように、**具体的に事実を伝えるほうが、相手も状況がわかるので安心できる**のです。

謝罪しなければならない事態はピンチではありますが、こういうときこそ相手の求める説明をすることで、逆に信頼を得られるチャンスになります。

POINT

相手が本当に欲しいのは「事実」の報告

第5章

心理学で説明がもっとうまくいく

55

相手の「視覚」「聴覚」「体感覚」に合わせて説明方法を変える

私たちは、五感を通して物事を認識したり、思考したりしています。アメリカで開発されたNLPという実践的な心理学によると、人には利き手や利き腕があるように、視覚、聴覚などの感覚の中にも、人によってよく使う感覚はそれぞれ違いがあるそうです。

NLPでは、人の持つ感覚を3つに分けて、それぞれの特徴を示しています。その3つとは、**「V：視覚（Visual）」「A：聴覚（Auditory）」「K：体感覚（Kinesthetic）」**です。

例えば、あなたが何か新しいことを学ぶとき、「図や動画を見る」「講義を聴く」「実際にやりながら学ぶ」の中で、どの方法が一番自分に合うでしょうか。「図や動画を見る」という人は「視覚」、「講義を聴く」という人は「聴覚」、「実際にやりながら学ぶ」という人は「体感覚」をよく使う人だと言えます。

説明をするときには、**相手がよく使う感覚に合わせて説明の方法を変える**と、理解してもらいやすくなります。あなたが新製品をプレゼンする場合を例にして考えてみましょう。

「視覚」をよく使う人には、デザインや色などの「見た目」の魅力をアピールしたり、競合製品との性能比較をグラフなどの視覚的情報で示したりすると伝わりやすくなります。「聴覚」をよく使う人には、製品の特徴や「何が優れているのか」を論理的に説明したり、音の出る製品なら実際に音を聞いてもらったりするのも1つの手です。「体感覚」をよく使う人には、実際に製品を手に取ってもらい、使い心地を体感してもらうのがいいでしょう。

この**「よく使う感覚」は、その人が使う言葉にも表れる**と言います。例えば、「わからない」ということを、「視覚」をよく使う人は「話が見えない」、「聴覚」をよく使う人は「耳に入ってこない」、「体感覚」をよく使う人は「腑に落ちない」などの言葉を使う傾向があります。その人のよく使う感覚に合わせて、説明の方法を変えてみましょう。

でも、相手がどの感覚をよく使うのかわからない場合がありますよね。また、1対1ではなく、多数の人に説明しなければならないときもあります。そのときには、それぞれの感覚に対して有効な説明方法を、バランスよく取り入れるといいでしょう。

POINT

相手のよく使う感覚は何かを観察して
説明方法を工夫する

56

「判断基準が欲しいパターン」と「自分の基準を重視するパターン」

同じ状況下で、同じ言葉を投げかけても、ある人には響くのに、ある人には響かないということがありませんか。これは、**人にはそれぞれの「思考パターン」がある**からです。

カナダNLP協会の創設者であるシェリー・ローズ・シャーベイ女史の著書『「影響言語」で人を動かす』（実務教育出版）によると、「言葉と行動のパターンには関係性がある」、そして「相手のパターンに合わせて話せると、コミュニケーションがとてもスムーズにとれるようになる」と述べられています。

行動を決めるときの判断のパターンとしては、「外的基準型」と「内的基準型」の2つがあります。**「外的基準型」は、「他人の意見や外部の基準などに照らして判断する」パターン**です。**「内的基準型」は、「自分の考えや価値基準で判断する」パターン**です。

商品を選ぶ場合を例にして考えてみましょう。

「外的基準型」の強い人は、他の人の意見や口コミを参考にします。

一方、「内的基準型」の強い人は、自分の気に入ったものを選びます。

あなたはどちらのパターンに近いですか。

ビジネスにおいても、こうしたパターンをふまえて言葉を選ぶと、相手の心に響きやすくなります。

例えば、こちらから提案をする場合、「外的基準型」の強い人に対しては、「どうされますか？」と聞くよりも、**「多くのお客様が採用されているのはA案です」**のように伝えると有効です。

逆に、「内的基準型」の強い人に対しては、「A案をおすすめします」のような伝え方をすると、「自分で決めたいのに、指示された」と受け取られてしまいかねません。ですから、**「どうされますか？」「最終的にはお客様のご判断に委ねますが、A案はいかがでしょうか？」**と提案する形で伝えると、スムーズに聞いてもらえます。

なお、相手がどちらのパターンかわからない場合は、**「多くのお客様が採用されているA案はいかがでしょうか」**というように、どちらにも響く言葉で伝えましょう。

POINT

他者評価などの外部情報を添えて
提案型の説明をする

57

「今すぐ行動するパターン」と「じっくり検討するパターン」

何かに取りかかるとき、あなたは率先して行動するほうですか。それとも、十分検討してから取りかかるほうですか。

「とにかくやってみよう」「今すぐ取りかかろう」と、**まっしぐらに突き進んでいく傾向があるパターンは「主体・行動型」**です。一方、**周りの状況を見たり、じっくり検討してから行動を起こす傾向があるパターンは「反映・分析型」**です。

「主体・行動型」が強い人には、「とりあえずやってみましょう」「今すぐできます」というように、行動を促す言葉が響きます。

「反映・分析型」が強い人には、「検討してみてください」と判断材料を提供したり、「もう十分考慮されたと思います」と行動に踏み出すための後押しをするような言葉が響きます。

例えば、自動車保険などの商品を案内するページを開いたとき、詳細を説明する内容よりも前に「今すぐ無料見積を取る」「今すぐ資料請求する」といったクリックボタンがあるのを見かけたことはありませんか。商品の詳細を読まずにクリックするなんて、せっかちだと感じますが、これは「主体・行動型」のパターンを意識したものと言えます。

一方、案内ページの最後にも、見積依頼や資料請求のクリックボタンがあります。これは詳細を最後まで読んでじっくり考えてからどうするかを決めたい「反映・分析型」のパターンを意識したものと言えます。

ビジネスの場面においては、「主体・行動型」「反映・分析型」両方のパターンを備えている人が多いと言われています。ですから、両方のパターンに響く言葉を使って説明するのがいいですね。

例えば、店舗の売上アップのためにリピート客の増加策を実行しようとする場合は、**「ポイントカードの導入やダイレクトメールの発送、キャンペーンの実施など、まずは何ができるか考え、データのあるものは分析をしよう。顧客リストの確認など、今すぐにできることは早速始めよう」**というように、「考えるだけでなく、行動に移すための言葉」を使うことで、「やってみよう」という気持ちを相手に持ってもらうことができます。

POINT

考えるだけでなく、行動に移すための言葉を使う

58
「目標に意識が向くパターン」と「問題の回避に意識が向くパターン」

スポーツジムでトレーニングに励む人は多いですが、トレーニングを続ける理由は人それぞれですよね。例えば、「次のマラソン大会では、目標タイムである3時間を切りたいから」という人もいれば、「運動不足で病気にならないように」という人もいるでしょう。

「自分の願望や、欲しい状態を手に入れたい」というように、**自分の目標に意識が向くパターンは「目的志向型」**です。一方、「病気にならないように」といった、**「将来起こるかもしれない問題を回避すること」に意識が向くパターンは「問題回避型」**です。

このように意識を向けている方向が違うので、心に響く言葉も違います。

「目的志向型」が強い人には、「○○できる」「○○が得られる」という言葉や、「それをすることで、どのような恩恵を受けられるのか」という話が響きます。

「問題回避型」が強い人には、「○○しなくて済む」「○○が解決する」という言葉や、「それをしないと、どんな問題が起きるのか」という話が響きます。

例えば、あなたのチームが「納期がギリギリの仕事」を請け負ったとします。チームのメンバーにどのような言葉をかけたら、皆が「よし、頑張ろう！」と思うでしょうか。

「目的志向型」が強い人には、「何とか納期に間に合わせよう。そうしたら、お客様からの信頼を得られて、次の仕事も任せてもらえるかもしれない」と、「バラ色の未来」を見せてあげるといいですね。

一方、「問題回避型」が強い人には、「もし間に合わなかったら、お客様からの信頼を失ってしまうかもしれない」のように、「灰色の未来」を感じてもらうと、「やらなければ」という気持ちになるでしょう。

実際には、チームにはどちらのパターンの人もいると考えられます。ですから、次のように、どちらにも響くように伝えます。**「もし間に合わなかったら、お客様からの信頼を失ってしまうかもしれない。そうならないよう、何とか納期に間に合わせて、次の仕事も任せてもらえるように頑張ろう」**というように**灰色の未来を示しつつ、バラ色の未来を見せて背中を押す**伝え方がいいでしょう。

POINT

「バラ色の未来」と「灰色の未来」の両方を見せる

59

「変化」に対する4つのパターン

変化の激しい時代、私たちは変わらざるを得ない状況に置かれることもしばしばです。しかし、「変化」に対する考え方は人によってさまざまで、変化を好む人とそうでない人がいます。

変化に対する考え方には、「同一性重視型」「進展重視型」「相違重視型」「進展・相違重視型」の4つのパターンがあります。**「同一性重視型」が強い人は、変わらないことを好みます。**物事の共通点に意識が向くのも、このパターンの特徴です。**「進展重視型」が強い人は、激しい変化は好みませんが、段階的でゆるやかな変化を好み、**変化していくプロセスに意識が向きます。**「相違重視型」が強い人は、変化することを恐れず、**物事の相違点に意識が向きます。**「進展・相違重視型」が強い人は、「進展重視型」と「相違重視型」の両方のパターン**を持っています。

会社や取引先に対して、あなたが新しい取り組みを提案する場合で考えてみましょう。新しい取り組みを受け入れてもらうということは、相手に「変化するための行動」を促すということです。この場合、変化を好まないパターンを持つ人は抵抗感を覚えるので、**変わらない点を強調したうえで、段階的なプロセスを伝えましょう。**

私は、工場の生産部門に省エネの提案をしたとき、最初はなかなか相手が動いてくれませんでした。生産部門は、問題なく生産できている現状を変えることに対して抵抗感を持っていたからです。つまり「同一性重視型」が強かったのです。そこで、「絶対に変えないことは何か」を説明したうえで、段階的に実施する手順を示すと、提案を受け入れてもらうことができました。

ビジネスの場面では、ときに大きな変革を伴うようなことが起きたりします。そのようなときも、**「変化したあとの未来」だけを説明すると、不安に思う人がいます。**「今までと共通している点や似ている点」を伝え、どのようなプロセスを経て変えていくのかを丁寧に説明することで、変化に対するストレスを軽減することができます。

POINT

「変わらない点」も説明すると
変化を受け入れてもらいやすい

60

「新しいやり方を探すパターン」と「決められた手順に従うパターン」

仕事の進め方について、あなたは普段どのように考えていますか。**「もっといいやり方はないか」「進め方は自分のやり方に任せて欲しい」**と考えているなら**「オプション型」のパターン**です。逆に、**「決められた手順やスケジュールに沿って仕事を進めたい」「一度始めたら、最後までやり遂げたい」**と考えているなら**「プロセス型」のパターン**です。

「オプション型」が強い人は、さまざまな選択肢を示されたり、新しい可能性を示唆されたりすると心が動き、やる気になります。「あんなことも、こんなこともできる」と言われると、ワクワクします。新しい手順や仕組みを作るのは得意ですが、その手順や仕組みに従って、実行し続けることは苦手です。その代わりに、いつもとは違うやり方を受け入れることができます。

一方、「プロセス型」が強い人は、正しい手順を示されると行動に移しやすく、手順に従って実行し続けることが得意です。逆に、「いつもと違うやり方」や「次に何をしたらいいかわからない状態」はストレスになります。

会社でも、経理部門や生産部門のように、「決められた正しい手順」で仕事をする「プロセス型」の部署もあれば、開発設計部門のように「新しい可能性」を追求する仕事をする「オプション型」の部署もありますよね。

「オプション型」の部署には、「このやり方でやってください」と伝えるよりも、選択肢をいくつか用意して選んでもらうか、欲しい結果だけを伝えてやり方は任せるという方法が有効でしょう。

「プロセス型」の部署には、どのようなステップで進むのかを示し、その手順が確実であることを示すのがいいでしょう。

また、ビジネスにおける説明の場では、たくさんの選択肢を示すと、いくら相手が「オプション型」だったとしても、混乱してしまいます。**選択肢は3つ程度にとどめ、あとはゴールまでの道筋を示すようにプロセス型主体で説明する**ことをおすすめします。

POINT

説明の場では「プロセス型」主体で話を進める

61

「全体を見るパターン」と「細部を見るパターン」

情報の捉え方についても、人によって違いがあります。

物事の全体像をざっくりと捉えるのが得意なのは「全体型」のパターンです。一方、**情報の細部を捉えるのが得意なのは「詳細型」のパターン**です。

「全体型」が強い人には、結論や要点を示し、手短に説明することが好まれます。

「詳細型」が強い人には、順を追ってひとつひとつ説明し、固有名詞や数字などを使った具体的な説明が好まれます。

「全体型」が強い人は、何かを説明するとき、概略をざっくりと説明して抽象的な言葉を多く使いがちです。そのため、相手に情報が正確に伝わらない可能性があります。特に、「全体型」の人が「全体型」の相手に説明すると、行き違いが起きやすくなるでしょう。

一方、「詳細型」が強い人は、情報の詳細は捉えているものの、全体像をつかむのが得意ではありません。そのため、特に「全体型」が強い人からは、「結局何が言いたいのか」と思われがちです。

あなたはどちらのパターンの傾向が強いでしょうか。仕事においては、概要の把握と詳細の把握、どちらも必要ですよね。第3章で、説明は「大から小へ」という話をしましたが、**全体像と要点を示したうえで、「具体的には」と、詳細の説明をすると、相手も情報を受け取りやすくなります。**

もしあなたが「全体型」の傾向にあるなら、具体的な説明を加えるように意識しましょう。逆に、あなたが「詳細型」の傾向にあるなら、「つまり、言いたいことはひと言にすると何か」を考える癖をつけましょう。

最後に、後輩や部下に仕事の指示を出す場合、「詳細型」が強い人は事細かに説明しがちです。やり方を任せるなら、「この説明では足りないかな」と思うくらいでとどめておくといいですね。

POINT

「全体像」と「具体例」を合わせて説明する

62

意思決定に至る4つのパターン

私たちは普段、さまざまな意思決定をしていますが、得た情報をどのように処理して決断に至っているのでしょうか。これも人によって違いがあり、「回数重視型」「直感重視型」「疑心型」「期間重視型」の4つのパターンがあります。

「回数重視型」は、「何回か繰り返してから決める」というパターン、「直感重視型」は「直感で決める」というパターン、「疑心型」は「完全には納得せず、その都度考える」というパターン、「期間重視型」は「一定の期間考えてから決める」というパターンです。

テレビショッピングなどのセールスを見ていると、この4つのパターンすべてに響くような伝え方が使われています。

例えば、「3回分のトライアルセット」のように、一定の回数使ってみて確認してもらうものは「回数重視型」、「ピンときたら今すぐお電話！」は「直感重視型」、「試してみて納得いかなければ返品可能」は「疑心型」、「まずは1カ月お試しください」は「期間重視型」に向けて伝えていると言えます。あなたは、どの言葉に最も反応しましたか。

私は会社員時代、コストを大幅に削減するために、今までやったことのない新しい対策を生産部門に提案することがよくありました。でも、「効果があるから、やりましょう」といきなり提案しても、受け入れてはもらえません。さらに、生産や品質管理に関わる仕事をしている部署は、「疑心型」の傾向が強い部署です。そこで、まず1回やってみて結果を確認し、問題がなければさらに一定期間試してみて結果を確認するというように、段階を踏んで導入していきました。

ビジネスにおける意思決定では、「何度か面談をしてから決める」とか「数日間様子を見てから決める」というように**「回数」や「期間」が重視されることが多い**です。ただ、「6回実施します」と回数だけ示されても、1年かかるのか半年なのかわかりませんよね。説明する場合には、**「来月から7月までに6回実施します」というように「回数」と「期間」の両方を示す**と、意思決定する側にとっては、ゴールをイメージしやすくなります。

POINT

意思決定を求める説明では「回数」と「期間」を示す

63

「人や感情に関心が向くパターン」と「成果や物に関心が向くパターン」

あなたが仕事で充実感を得るときは、どんなときですか。「お客様から、あなたにお願いしてよかったと感謝されたとき」というように、**「人や感情」に関心が向けられているなら「人間重視型」のパターン**です。「難しい課題を克服して目標を達成したとき」というように、**「成果や物」に関心が向けられているなら「物質・タスク重視型」のパターン**です。

「人間重視型」の強い人は、人の名前や感情を表す言葉をよく口にします。また、誰と仕事をするか、誰のために仕事をするかを重要視し、相手の気持ちに寄り添います。

「物質・タスク重視型」の強い人は、人に関わる言葉はあまり口にしません。仕事を完了させることや得られるメリットを重要視します。

例えば、新しいセキュリティシステムの導入を提案する場合で考えてみましょう。相手が「人間重視型」なら、「これを導入することで、社員は安心感を得られます」というように、人や得られる感情に言及して説明すると、動いてもらいやすくなります。

相手が「物質・タスク重視型」なら、「これを導入することで、信頼性の高いセキュリティ体制を実現できます」というように、得られる成果や新しい仕組みを説明すると有効です。

実際には**「これを導入することで、信頼性の高いセキュリティ体制を実現でき、社員は安心感を得られます」と、両方のパターンに響くように説明するのがいい**ですね。

さて、ここまで「人が話す言葉と行動のパターン」に応じて、どのような言葉が人の「やる気スイッチ」を押すのか、そして、得た情報をどのように処理しているのか、例を挙げて紹介してきました。「人が話す言葉と行動のパターン」は、14のカテゴリーに分かれ、全部で37パターンあります。ここでは、「相手に動いてもらう」という観点から、私がよく参考にしている8つのカテゴリー、20のパターンを紹介しました（56項〜63項）。

こうしたパターンは、必ずどちらかに分かれるというものではありません。同じ人でも状況によって変わりますし、両方のパターンを持ち合わせていることもあります。大事なのは、**お互いの違いを理解し、相手のパターンを意識して説明することです。**

POINT

得られる成果だけでなく、
得られる感情にも言及する

第6章

資料を使って説明する

64 基本の5W1Hで内容を整理する

報告や連絡など、情報を整理するときに使うといいのが「5W1H」です。仕事の基本として教わった方も多いのではないでしょうか。5W1Hとは「When(いつ)」「Where(どこで)」「Who(誰が)」「What(何を)」「Why(なぜ)」「How(どのように)」を指し、いわば「情報の置き場所」のようなものです。この**5W1Hを意識すると、情報を種類ごとに整理でき、過不足なく伝えることができます。**また、**情報の解像度を上げることができます。**

例えば、仕事を覚えて、これからの活躍が期待されている入社3年目の社員を対象にした研修の連絡をする場合で考えてみましょう。

「①日時：4月10日(金)13時～17時、②場所：第1研修室、③対象：入社3年目の社員」これだと「いつ、どこで、誰が」という情報はありますが、ざっくりとしていますよね。連絡を受けた社員は、「何かよくわからないけれど、研修があるのだな」と思う程度でしょう。

では、「何を(研修内容)」「なぜ(研修の目的)」「どのように(研修方法)」を付け加えてみましょう。

「①日時：4月10日（金）13時～17時、②場所：第1研修室、③対象：入社3年目の社員、④研修内容：問題解決に使える3つの手法について、⑤研修の目的：業務の課題に対して自ら解決策を提案できるスキルを習得するため、⑥研修方法：座学とグループワークによる実習」

こうすると詳細な情報が提供されるので、何をするのかが明確になりますよね。連絡を受けた社員の中には、「今の業務課題を整理しておこう」と思う人もいるかもしれません。

普段から5W1Hを意識した文書を作ることができるよう、**あらかじめ5W1Hの項目を書き出した定型フォーマットを作っておくといい**ですね。特に、トラブルやミスが発生したといった慌てているときほど、必要な情報が抜けやすくなります。「伝えるべき情報が抜けていたな」と思ったら、フォーマットに付け足していきましょう。

POINT

5W1Hで整理すると、過不足なく伝えられるだけでなく、情報の解像度も上がる

65

「太字」や「アンダーライン」「文字の大きさ」で目立たせる

連絡書、報告書や議事録など、比較的文字の多い文書では、特に大事なところや「ここだけは目を通して欲しい」というところを目立たせましょう。その文書を読む相手も、あなたと同じビジネスパーソン。皆、忙しいのです。特に、役職が上になるほど、目を通さなければならない文書が増え、ひとつひとつ丁寧に読む時間はありません。ですから、文字の多い文書でも、相手に「読んでもらう」のではなく、**「見てもらう」というつもりで、パッと見てわかる資料にします。**

「ここだけはどうしても目を通して欲しい」というところは、**太字にしたり、アンダーラインを引いたり、文字の大きさを大きくしたりして目立たせます。**

例えば、連絡書であれば、提出期限などの締切に関すること、報告書や企画書では、特にアピールしたいポイント、議事録では重要な決定事項といったところです。あまり多くを目立たせると、かえって見づらくなってしまいますので、「ここだけは」というところを厳選して、キーワードの部分だけを目立たせるといいです。

また、フォントの種類によっては、太字にしても目立ちにくい場合があるので、アンダーラインを併用するとわかりやすくなります。

目立たせたいところを赤文字にするなど、**色で識別する方法もありますが、あまりおすすめしません。**なぜなら、文書を印刷する場合、カラー印刷はコストがかかるため、モノクロ印刷にすることが多いからです。別の項で述べますが、目立たせたつもりが、モノクロ印刷したら逆に色が薄くなって、目立たなくなってしまったということがあります。

また、メール本文でも、重要なところを色ではなく、太字、アンダーラインで目立たせます。赤い文字は注意を引きやすいですが、「威圧感」が出てしまいます。赤い太文字で「締切厳守」と書かれていたら、どう感じますか。なんとなく強制されているような感じがして、いい気持ちがしませんよね。

目立たせるなら、「太字」「アンダーライン」「文字の大きさを変える」のが、簡単で確実です。

POINT

「ここだけは見て欲しい」というところを厳選して目立たせる

66 話した内容を報告するときは、言葉を補って書く

商談や採用面接など、相手と話した内容について報告書を書いたり、会議中のやりとりをそのまま文字にして議事録にしたりすることはありませんか。今は文字起こしのソフトが充実しており、私も取材記事を書くときに使うことがありますが、音声認識の精度も高く、技術の進化に驚いています。

しかし、発言者の「話し言葉」をそのまま文字にする場合は注意が必要です。例えば、次の文章は私が実際に取材で聞いた話をそのまま文字にしたものです。タイプライターの開発において、活字の製法を工夫したという説明です。

「金型に材料を押し込むようにして活字を作るのですが、ただ押し込むだけでは、くっきりした活字にならないのです。ところが、振動させながらプレスしていくと、グッとこの先っぽが出て、くっきりするのです」

いかがでしょうか。くっきりした活字とはどういうものか、文中の「この先っぽ」って何か、何を振動させるのか、イメージできませんよね。そこで、言葉を補って、次のよう

に書きました。

「金型に材料を押し込むようにして活字を作るのですが、ただ押し込むだけでは、くっきりした活字になりません。例えばAやMなど、鋭角の部分が丸みを帯びてしまいます。ところが、材料を金型に押し込むとき、振動させながらプレスしていくと、角《かど》が出てくっきりした活字になるのです」

このように、**話し言葉は省略が多いので、文字にするときには言葉を補う必要があります。**また、話し言葉は一文が途切れることなく続いていることが多く、途中で主語と述語の関係が不明確になったり、「これ」「それ」といった言葉が多用されたりします。その場で話を聞いていた人は、言葉以外から伝わる情報を受け取っているから理解できますが、その場にいなかった人には理解しづらいです。その場にいた人でも、あとから文字で振り返ると、何の話だったのかわからなくなることが多いものです。

話し言葉を文字にする場合は、意味が通るように言葉を補って書きましょう。

POINT

話し言葉は省略が多いので、読み手がイメージできるように言葉を補う

67

報告書は事実を並べるだけでなく、「その結果どうなったか」まで書く

私は若かりし頃、業務日報の書き方について、上司からよく注意されました。例えば、「点検中に○○という異常を発見し、対応した」と日報に書いていたのですが、上司からは「これではわからない。対応した結果どうなったのか、最後まできちんと書いて」と言われました。

当時は「対応したのだから、正常に戻ったに決まっているじゃん」と反発心を覚えたものですが、自分が報告を受ける立場になってから、上司の気持ちがわかるようになりました。「正常に戻った」「数値が○○に回復した」というように、対応した結果まで報告されていると安心するのです。

さらに、出張報告書などは、「○○をした」「○○だった」のように、単なる事実の羅列だけではもの足りません。報告を受け取る側からすると、「それで？」と頭に疑問符が浮かびます。**このようなものには単なる事実の報告だけでなく、「所感」も添えるといいです。**会社によっては、報告書の様式の中に「所感」を書く欄が最初から用意されている場

合もあるでしょう。

この「所感」をうまく書けず、上司から「ただの感想だね」と言われてしまう方がいます。確かに、「○○した」「私は□□と感じた」「以上」では、上司は満足してくれません。

上司をうならせる所感を書くポイントは、「それで？」「だから？」と自分に問いかけることです。「○○した」「私は□□と感じた」「だから、私は△△する」のように、**「どのような気づきがあり、その結果自分はどうするのか」というところまで書くべきです。**何よりも、自分自身が得た気づきを具体的な行動に落とし込むことができ、成長につなげられます。

また、自分のやったこと、気づいたことを文字にすることで、新しいアイディアが浮かんできたり、自分の得たノウハウを後輩に伝えていったりすることができます。

やっつけ仕事で片づけたくなりますが、「その結果どうなったのか」「これからどうするのか」まで書くことで、その報告書はあなたにとっても会社にとっても、よい「財産」になります。

POINT

報告書は「それで？」「だから？」と自分に問いかけながら書く

68 グラフを使う

毎日体重計の数字を見ては、「あまり変わっていないな」とがっかりするけれど、少しずつでも右肩下がりになっているグラフを見たら、ちょっと嬉しくなったりしませんか。体重計の示す数字は、そのときの状態を示す「点」ですが、「どのように変化したのか」までは見せてくれません。点と点を結ぶ、つまり「グラフ」にすることで初めて見えてくるのです。

49項で「数字」で表すと納得感が高まるという話をしました。けれども、数字だけを並べても、「どのように変化したのか」「他と比べて何が違うのか」といったことまでは読み取れません。ところが、**グラフを使えば、言葉で説明しなくても、「変化の様子」や「他との比較」などを一目で理解してもらえるようになります。**

ある飲食店は、「気温」「降水量」などの気象データと「来店客数」「売上金額」などのデータをグラフ化して重ね合わせることで、「雨の日は、客足は落ちるが、客単価は晴れの日よりも高い」という事実を発見しました。そこで、天候を予測して、ランチのおすすめメニューを入れ替えたり、食材の仕入れを調整したりすることで売上を伸ばし、食品廃棄コストを削減することに成功しました。

このように、ひとつひとつのデータからでは見えていなかったことが、**グラフが呼び水となって新しい事実が見えるようになることもあるのです。**

私自身も、職場の節電活動でフロア別の電気使用量をグラフにして配信するようにしたら、社員の節電意識が高まったという経験をしています。

グラフにすると、ある部分だけガクンと減っているというような特徴的なところに目がいきます。すると、「なぜこの時間帯は電気の使用量が減っているのか」「なぜこのフロアは、他のフロアと比べて電気の使用量が少ないのか」など、社員自らが疑問を持ち、考えてくれるようになったのです。

数字をとったら、とりっぱなしにしないで、グラフにして見える形にしましょう。

POINT

グラフにすると、「変化」や「比較」が一目でわかる

69

グラフも文字もモノクロ印刷がキホン

きれいに作ったパワーポイントの会議資料。配布用にモノクロ印刷したら、「テキストボックスの塗りつぶしの色が濃すぎて、字が見えなくなってしまった」という経験をしたことはありませんか。

ペーパーレス化が進んだとはいえ、会議の資料などを紙に印刷して配布することも多いですよね。カラーにするとコストが高いので、印刷やコピーはモノクロというケースもあるでしょう。すると、印刷されたものは画面で見ていたのと比べて違った印象になります。色付きで目立たせたつもりだったのに、モノクロにするとかえって見づらくなってしまうことはよくあります。特に棒グラフや折れ線グラフなどは色で区別していても、モノクロ印刷だとどれも同じような灰色になってしまって、どれが何を指すのかわからなくなってしまいます。

私は以前、塗りつぶしの色に「濃い赤」「濃い青」「濃い緑」をよく使っていました。ところが、モノクロ印刷するとすべてが黒に近い色になり、資料全体が暗いイメージになりました。文字も見えづらくなったため、色を選び直すという余計な作業をしなければなりませんでした。そうした失敗を経て、モノクロ印刷しても見やすい色の組み合わせを決めています。

一番楽だったのは、塗りつぶしの色を灰色にすることでした。「ここはどの色にしようか」と迷うこともなく、灰色の濃淡で区別することができます。

グラフの場合は、**色ではなくパターンで区別するといい**ですね。棒グラフや円グラフなら、斜線やドットなど、網かけで区別します。折れ線グラフなら、マーカーの形や線種の違いで区別します。

エクセルやパワーポイントで自動的に作成されるグラフは、色で区別されているので、わざわざパターンを選び直すのは手間がかかるものです。しかし、そのひと手間が、相手にとってのわかりやすさにつながっていきます。

POINT

モノクロ印刷しても見やすい色の組み合わせを把握しておく

70

色ではなく、形で識別できるようにする

「カラーユニバーサルデザイン」という言葉を聞いたことはありますか。どんな人にも見やすくてわかりやすくなるよう、色の使い方に配慮してデザインすることです。

色の見え方は、誰もが同じというわけではありません。先天的あるいは後天的な理由で、赤色と緑色が似て見える人もいれば、青色と緑色が似て見える人もいます。色の見え方は人によってさまざまです。

官公庁の印刷物やホームページなど、できるだけすべての人に正しい情報を伝えなければならないものは、色使いがとても配慮されています。

私がこのことを知ったのは、15年ほど前。会社に新しく導入する設備が地域の環境にどう影響するのかについて、住民に説明する資料を作成したときでした。どこで何を測定するのかを、地図上に色分けして示していたのですが、自治体の担当者から、「色で識別ができない人もいるので、○とか□など、形で区別できるようにしてください」と言われま

した。

私はそれまで、**「色で識別できない人がいる」**ということについて、考えたこともなかったので、ハッとしました。これはとても勉強になる経験でした。それ以来、私はできるだけ色に頼らずに資料を作るよう、気をつけています。

「色で識別できない」という問題だけでなく、明るすぎる色やコントラストの強い配色が多いと、目がチカチカして疲れますよね。内容がどんなに素晴らしいものでも、あまりにどぎつい色使いがされているものや、多くの色が使われていてガチャガチャした印象のものだと、相手は読む気をなくしてしまいます。文書も第一印象が大切です。

69項で述べたように、モノクロでも情報が正しく伝わる資料を作るように心がけましょう。**色に頼りすぎずに資料を作るのは、伝わりやすい資料を作るうえで大事なポイント**と言えます。

POINT

色だけに頼らない工夫をすることで、
誰にとってもわかりやすい資料となる

71

グラフにも1メッセージを添える

ビジネスの場では、売上高、コストの内訳、市場における自社商品のシェアなど、数字を扱うことが多いですよね。でも、数字ばかりの表を示されたら、あなたはどう感じますか。きっと見る気が失せるのではないでしょうか。

数字の分析をする場合は別として、提案書や報告書、プレゼンの資料などでは、数字のまま出すのではなく、グラフにして示すほうがわかりやすいです。

例えば、推移や比較を示すには棒グラフ、時系列での変化を示すには折れ線グラフ、項目の割合を示すには円グラフというように、伝えたいメッセージに合わせたグラフにすれば、数字だけを見るよりも状況を効率よく伝えることができます。

ただし、エクセルなどで作ったグラフをそのまま載せるだけでは、芸が足りません。グラフだけを示した状態は、「私が伝えたいメッセージは、グラフから読み取ってください」と相手に言っているのと同じです。大事なのは、**グラフのどこに着目して欲しいのか、そ**

のグラフからどんな結論を伝えたいのかを相手に示すことです。

具体的には、着目して欲しい部分を丸で囲ったり、矢印などの印を加えて強調したり、そのグラフで伝えたい結論をコメントで書き加えたりします。

例えば、折れ線グラフで変化点のあったところに印をつけて、「2023年にV字回復」とコメントを書き加えたり、右肩上がりの棒グラフに「この10年で売上は5倍に！」とコメントを書き加えたりするのです。

「そんなことはグラフを見たらわかる情報だ」と思われるかもしれません。でも、わざわざ印をつけたり、コメントを書き加えたりすることで、**読み手側の負担を減らすことができ、あなたの説明に対する理解を早める**ことができます。

グラフでも、そのグラフで伝えたい「1メッセージ」を書き加えましょう。ちょっとした手間をかけるだけで、相手にとってグンとわかりやすい資料になります。

POINT

グラフでも、着目して欲しい部分を強調し、伝えたい結論をコメントで書き加える

72 小さな差でも目立たせたいときはグラフ縦軸の数値幅を変える

折れ線グラフで変化を示そうとするとき、「変化量は小さいけれど、変化していることを伝えたい」と思う場合があります。

例えば、体重を記録するアプリで示される折れ線グラフ。変化量がわかりやすいように、グラフの縦軸の最小値はゼロになっていないことがほとんどです。最小値をゼロにすると、1日数百グラムの変化では、グラフはほぼ一直線になり、あまり変化していないように見えてしまいます。でも、体重60キロ前後の人の体重の推移を表すときに、グラフの縦軸の最小値を55キロ、最大値を65キロのように設定してみたらどうでしょう。数百グラムの変化でも、グラフの傾きが大きくなって視覚的にわかりやすくなります。

これは、**「変化量は小さくても、確かに変化しました」ということを伝える**ためです。

また、仕事で扱うデータの中には、ときに極端に大きな数字や極端に小さな数字が混ざることがあります。

例えば、1日の来店客数80～100人程度で推移している店が、ある日テレビで紹介され、翌日の来店客数が１０００人を超えたというような場合です。こうした突出した数字に影響を受けて、縦軸の最大値が従来の１００前後から１０００を超える数値に変化すると、80〜１００人で推移していたときの数字の変化が見えにくくなります。そのような場合には、縦軸の最大値を従来の１００前後に戻します。

「あたかも効果があるように見せるために縦軸の数値幅を操作している」と受け取られると、社会やお客様からの信頼低下を招きます。**全体的な状況を示したうえで、「変化の見えづらい部分を拡大して見せるとこうなります」というスタンスを忘れないようにしましょう。**

POINT

縦軸の数値幅を調整すると変化を
わかりやすく示すことができる

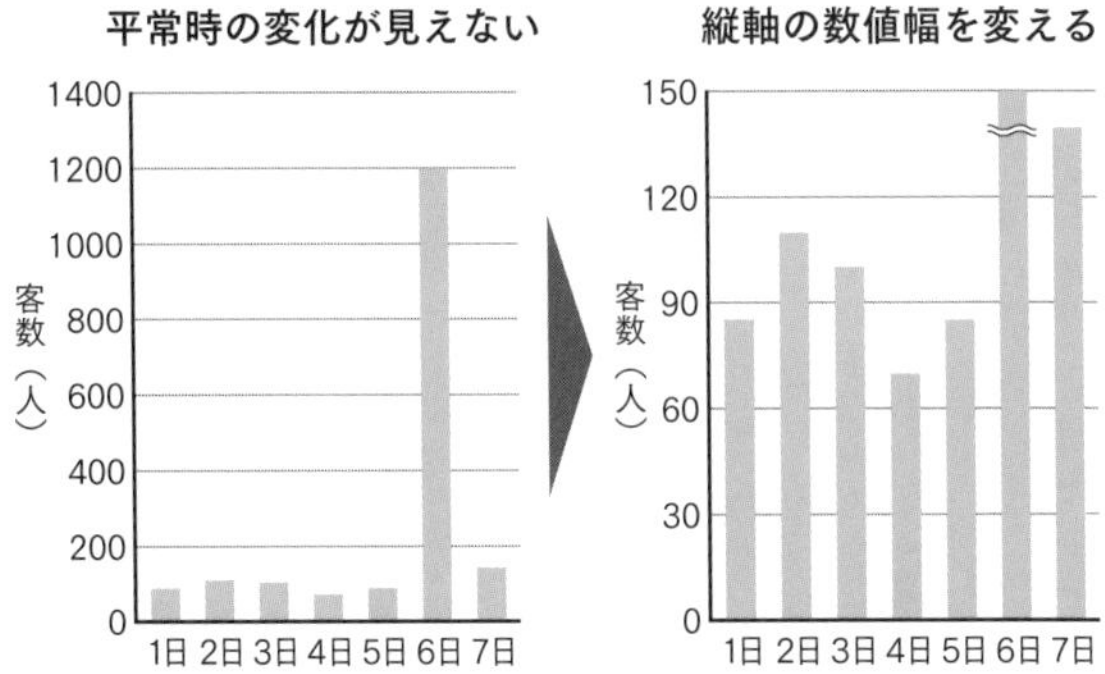

73 自分ひとりなのに「他人目線」でチェックする方法

報告書、議事録やメールなど、自分の書いた文章を提出したり送信したりするとき、どのようにチェックしていますか。

「あれほどチェックしたのに誤字脱字があった」「改めて確認すると、なんだか言い回しが変だと感じた」というように、慌てたことがあるかもしれませんね。私も「何度も見直したはずなのに」という失敗を何度もやらかしました。**文字を目で追っているだけだと、誤字脱字や何となくおかしい表現は、なかなか見つからない**ものです。

そういうとき、「他人の目でチェックする」というのは結構有効です。でも、自分の書いたものを、いつも他人にチェックしてもらう訳にはいきません。

では、どうすればいいのでしょうか。

実は、自分ひとりなのに「他人目線」でチェックできる方法があります。それが**「音声読み上げ機能」**です。マイクロソフト社のワード、アウトルック、パワーポイント、ワンノートに組み込まれています。その中でも、文章の量が比較的多いワードでこの機能を使うのがおすすめです。

読み上げを開始する位置にカーソルを移動させ、ワードのタブから「校閲」を選択し、「音声読み上げ」というコマンドをクリックするだけです（詳しい操作方法は、マイクロソフト社のサポートページでご確認ください）。

この音声読み上げ機能を使うと、自分が入力した文字をパソコンが読み上げてくれます。目で文字を追うのと違い、耳で聞いてみると、書き間違いや、言い回しがおかしいところに対して違和感を覚えるので、気づきやすくなります。耳で聞いてスッと入ってくる文章は、わかりやすい文章と言えます。

漢字の読み間違いが時折発生するなど、まだ改良の途上にある機能ですが、文章のセルフチェックには十分に使える機能です。ぜひ試してみてください。

POINT

読み上げ機能を使うと、
書き間違いや変な言い回しを見つけやすい

第7章

プレゼンで説明する

74 いきなりパソコンに向かわない

プレゼンの資料を作るときに多くの人がやりがちなのが、いきなりパワーポイントを立ち上げ、作り始めること。私もそうでした。「いいテンプレートはないかな」「どの色にしようか」といった、内容とは直接関係のないことに時間を使っていました。また、「このスライドでは何を書こうかな」と考えながら、その間に「この文字は色を変えたほうがいいかな」「ここでアニメーションを入れようか」と、いろんなことに思考が飛びます。時間ばかりかかる割には、一発ＯＫとなる資料にはなりません。「これはやり方を変えないといけない」と思い、パワーポイントにさわるのを工程の最後にしてみました。

代わりに取り出したのは紙です。まず、**プレゼンで説明する内容の「素材」を紙に手書きします。**「素材」とは、「プレゼンの目的」「聞き手は誰か」「一番伝えたいことは何か」「伝えたいメッセージの根拠となる事実と理由」です。手書きなら、文字だけでなく「なんとなく浮かんだぼんやりしたイメージ図」もすぐに書けます。これらをざっと書き出したうえで、全体の流れを書きます。本でいう「目次」を作るイメージです。

「そうは言っても、何を書いたらいいのか言葉が出てこない」という方もいるでしょう。そういうときには「話をする」といいです。名付けて**「ひとりブツブツ会議」**。まず頭の中にあったものを「話す」という行為で外に出し、次にそれが耳から入ってきてさらに考えが深まり、言葉が整理されます。ただし、話したことはシャボン玉のように時間が経つと消えてしまいますから、**メモしておくか、録音して「形」として残しておきましょう。**

こうして、自分の考えを言葉にできたら、スライドの設計図を書きます。A3の紙を8等分になるように折って、折り目に線を引き、1マスを1スライドとします。そこに、スライドのタイトルとメッセージ、写真やグラフのレイアウトなど、イメージ図をざっくりと描いていきます。漫画やアニメでいう「絵コンテ」のようなものです。

ここまでできると、あとはパワーポイントで「清書」するだけなので、あれこれ迷うことがありません。

POINT

プレゼン資料を作るときは、
パソコンではなく、まず手と口を動かす

75

1枚1メッセージ

1枚のスライドの隅から隅までぎっしりと、文字と図形で埋め尽くされているプレゼンを見ることがあります。「スクリーンに映したものは字が小さくて読めなくても、配布資料を見てもらえばわかるから」と発表者は考えているのでしょう。でも、たいていの場合、聞き手は皆、手元の資料ばかりを見て、発表者に顔を向けていません。これでは、お互いの表情が見えず、言葉以外の情報が伝わらなくなってしまいます。

プレゼンのスライドは、読んでもらうものではありません。パッと見てわかりやすい情報を提供し、話の理解を補うものです。情報を詰め込むと、わかりづらいスライドになってしまいます。

基本は1枚1メッセージ。1枚のスライドには、結論となる1メッセージと、そのメッセージが導かれた根拠となる事実と理由を盛り込みましょう。

情報量を抑えて、見やすくわかりやすいスライドにするには、3つのコツがあります。

1つめは**「結論のわかるスライドタイトル」にする**こと。例えば、「売上低下の原因」というタイトルではなく、**「売上低下の原因は〇〇だった」**のようにすれば、スライドタイトルだけで1メッセージを伝えることができます。1枚のスライドに収める情報量の節約になります。

2つめは**「長い文を書かない」**こと。キーワードを抜き出して箇条書きにしたり、情報ごとに枠で囲ったり、図解で表現したりすると、スッキリとした印象になります。

3つめは**「抽象的な表現を使わない」**こと。キーワードで簡潔にまとめようとすると、言葉が抽象的になりがちです。例えば、「操作性の改善」「営業力の向上」「職場の活性化」というような表現です。こうした言葉は、一見きれいにまとまっていて聞こえはいいのですが、具体的なイメージが伝わりません。**「操作しやすい配置にする」「営業のスキルアップ研修をする」「チームミーティングを開催する」**などのように、具体的な言葉を使いましょう。

POINT

プレゼンのスライドは、
パッと見てわかるように情報を絞り込む

76 脳内弁当箱で情報整理

パワーポイントも資料もなしで、自分のアイディアや企画をプレゼンすることになったらどうしますか。ガッツリ台本を作って、暗記するという方が多いかもしれません。でも、本番でセリフを思い出そうとすると、視線は上や横に動きます。すると聞き手に「今、言うことを思い出そうとしている」というのが伝わってしまいます。

そうならないためには、**台本を一言一句覚えようとしない**ことです。そのかわり、**話す内容を「位置情報」として頭の中にインプットします。**

例えば、次のような弁当の説明をするとします。

「弁当箱は4つに仕切られています。右側の大きな仕切りには海苔をのせたご飯が入っています。左側は3つに分かれていて、上には焼き魚、真ん中は野菜の煮物、下には漬物が入っています」

このとき、頭の中にこの弁当箱の映像を思い浮かべると覚えやすくなります。「右」は海苔をのせたご飯、「左上」は焼き魚、「左の真ん中」は野菜の煮物、「左下」は漬物というように、中身を「位置情報」としてインプットするのです。すると、文字で覚えるよりも再現しやすくなります。

プレゼンも同じです。大きな弁当箱の中に、「見出しをつけた箱」を頭の中で並べます。例えば、「左上」は「結論」の箱、「左下」は「理由」の箱、「右上」は「具体例1」の箱、「右下」は「具体例2」の箱というように。そして、詳しい内容を箇条書きの形で箱の中に入れます。

プレゼン本番では、**頭の中に置いた箱を再現します。**「今から開けるのは、左下の理由の箱」というように、順序と位置を意識するだけ。あとはそのときの自分から出てきた言葉で説明します。**思い出して出てきた言葉より、そのとき出てきた言葉のほうが力がある**ので、相手に伝わります。

POINT

文字ではなく情報を「位置情報」に変えて覚える

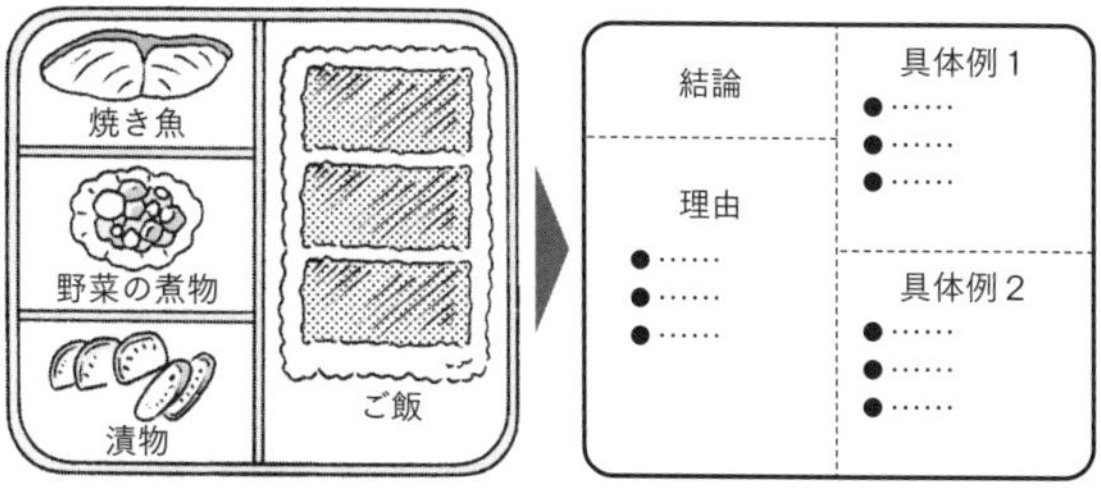

77 持ち時間別プレゼン法

プレゼンといっても、いつも目の前に原稿やスライドがあるとは限りません。例えば、セミナーや会議で、「おひとり30秒で自己紹介してください」とか、「感想をひと言お願いします」と言われたりすることがあります。このとき、準備をしていなくて慌てることもあるでしょう。

そこで、用意しておくといいのが、**時間別の「型」**です。76項で紹介した「脳内弁当箱」の中身を持ち時間別に変えるのです。持ち時間が10秒なら、説明するのはご飯だけ。持ち時間が90秒なら、ご飯と焼き魚と野菜を説明するというイメージです。

何かを提案する場合は、「問題提起」「結論」「具体的な事実と理由」の順で説明しますが、**持ち時間が10秒ならば、「問題提起」をして、「結論」をズバリひと言で説明**します。**90秒なら「問題提起」と「結論」に加えて、「具体例」を1つ挙げて説明すると、ちょうどいい**でしょう。

例えば、次のような特徴を持った調理器具を説明する場合で考えてみましょう。

「スイッチがたった1つの、余計な機能がついていないシンプルな調理器具。内鍋に材料と調味料をセットしてスイッチを押すだけで調理できる。煮物は吹きこぼれる心配なし。鍋が調理している間、あなたは仕事や他の家事をすることができる」

これを10秒で説明するなら**「限られた時間を効率よく過ごしたい。そんなあなたを料理の時間から解放するワンタッチ万能調理器具です」**というように、問題提起をして、結論をひと言でまとめます。

90秒で説明するなら、**「限られた時間を効率よく過ごしたいと思いませんか。これは、そんなあなたを料理の時間から解放するワンタッチ万能調理器具です。例えば、煮魚を作るなら、鍋に魚と調味料をセットしてスイッチを入れ、あとは出来上がりを待つだけです。吹きこぼれる心配も、焦げつく心配もありません。だから、あなたはずっと鍋のそばについている必要がありません」**のように、具体例を1つ挙げて説明します。

短い時間で説明する場合は、全部の内容を相手にわかってもらおうとしないことです。**要点のみを伝え、相手から「続きを聞きたい」と思ってもらうことをゴールにしましょう。**

POINT

持ち時間ごとに「説明の型」を用意しておく

78 初めに質問を入れて相手を引き込む

プレゼンは、発表者が一方的に話をする形になりがちです。でも、ちょっと想像してみてください。日常の会話で、相手が一方的に話すのをずっと聞いているのは、苦痛ではありませんか。プレゼンも**聞き手と言葉をキャッチボールするつもりで進めましょう。**

そのためには、質問をすることが効果的です。特に、プレゼンが始まるときには、話し手と聞き手の間に「見えない壁」があります。質問を投げかけることによってその壁を崩し、「同じ場にいるあなたと私」という一体感を作ることができます。

質問は相手の答えやすい簡単なものにします。ただし、限られた時間の中なので、「今日はどうやって来られましたか」といった世間話のような質問よりは、プレゼンの目的や内容に沿った質問がいいですね。

例えば、「こんなことにお困りではありませんか」「こんなものがあったらいいなと思われている方はいらっしゃいますか」というような質問です。聞き手の関心事について質問すると、聞き手は頭の中で「そうそう」と頷いたり、実際に頷く動作をしてくれたりします。

「今日のプレゼンの目的は○○です」と言うと一方的な話になりますが、質問をすると実際声に出して会話をしなくても、聞き手は頭の中であなたと会話をしてくれます。

「Aだと思われる方は手を挙げてください」というように、挙手をしてもらう問いかけもいいですが、それはプレゼンの冒頭でするよりも、話が少し進んでからのほうがおすすめです。話し手も聞き手もまだ緊張感のある冒頭では、「手を挙げてください」と言われても、聞き手の中には周りを気にして手を挙げにくい人もいるからです。

「手を挙げて」と言ったのにリアクションがないと、話し手であるあなたも、自分だけが空回りしているように感じて、出鼻をくじかれた気分になってしまいます。

聞き手の一人ひとりと「脳内会話」をするつもりで話しかけ、プレゼンの冒頭で聞き手の心をがっちりつかみましょう。

POINT

「同じ場にいるあなたと私」と
思えるような問いかけをする

79 目線の配り方

子どもの頃、「人の目を見て話しなさい」「話を聞くときは、相手の目を見て聞きなさい」と言われませんでしたか。お互いにアイコンタクトを取ることで、信頼感が生まれますし、お互いの表情を確認し合うことができます。

プレゼンのとき、原稿やスライドばかりを見ていると、聞き手がどのような反応をしているかを見ることができません。ですから、**自分の説明を相手にしっかり届けたいなら、アイコンタクトを取る**べきです。目を見ると緊張してしまう人は、相手の眉間のあたりを見るといいでしょう。

1対1でプレゼンをするなら、相手の目を見て話します。ただ、ずっと目を合わせていると、相手は緊張してしまいますので、問いかけをしたり、相手からの返答を聞いたりするときに、3秒くらい目を合わせるといいです。

相手が数人程度であれば、一人ひとり順番に目を合わせる形で、アイコンタクトを取ります。大きな会場の場合は、一番後ろの人にも届くように意識しつつ、ブロックごとに特定の人を決めて、視線を配ります。例えば、右の列、真ん中の列、左の列それぞれにいる特定の人とアイコンタクトを取るのです。あなたの話を聞いて、「うんうん」と頷いたりリアクションをしてくれたりする人が、会場には必ずいます。そういう人を見つけて、その人に向かって話すような感じでアイコンタクトを取ると、自分も話しやすくなります。

1つだけ注意しておきたいのは、「アイコンタクトを取らなければいけない」と、相手の目を見ることが目的になってしまうことです。

アイコンタクトの目的は、相手と心を通い合わせながら話をすることです。目を合わせることだけにとらわれず、その人と会話をするような意識でアイコンタクトを取ってください。1対1でも1対多数でも、キャッチボールの相手は常にひとりです。ひとりの目を見て、その人に話しかけるようにすると、相手にも「私に話をしてくれている」と思ってもらうことができます。

POINT

「リアクションをしてくれる聞き手を見つけて、その人とアイコンタクトを取る」

80

沈黙で注目効果を上げる

私が高校生のときです。授業中に居眠りをしている生徒を見つけた先生が、「みんな、ちょっと静かにしよう」と言い、先生も話すのをやめました。教室がシーンと静まり返ってしばらくすると、寝ていた同級生が急にハッと目を覚ましました。教室の空気が変わったからでしょうか。何度か同じようなことがあり、沈黙って不思議な力があるなと思ったものです。

ざわざわしたセミナー会場でも、講師や司会者が何も話さずに黙っていると、会場が静かになり、聞き手の耳目が話し手に集まる瞬間があります。

沈黙には注目させる効果があるのです。

ずっと一本調子でダラダラと続く説明は、聞き手が飽きます。どこが重要なのか、どこを強調したいのかもわからず、心に残りません。そこで使えるのが「沈黙効果」です。大事な話をするとき、特にキーワードになる部分を目立たせたいときは、**キーワードの前後に「間」を作ります。**すると、キーワードの部分がくっきりと浮かび上がります。

例えば、「プレゼンの冒頭で相手の心をつかむには質問をすることです」と、そのまま流れるように話すと、聞き手の頭の中でもスーッと流れていってしまいます。でも、「プレゼンの冒頭で相手の心をつかむには」というところで、一旦話を区切り、**「ここから大事な話をしますよ」とつぶやくくらいの時間をあける**と、どうでしょうか。聞き手にとって、「何だろう?」と考える時間ができます。さらに、「質問をすることです」と言ったあとに、もう一度「間」を作ります。すると、聞き手にも「質問をすることなのか」と確認する時間ができます。

また、話題が変わるときも、カメラが切り替わるようなイメージで少し「間」を入れると、「ここから話が変わるのだな」と受け取ってもらえます。その他、質問を投げかけたときも、3秒くらい待つと、聞き手に考える時間を作ってあげることができます。

聞き手にとっても、受け取った話を消化する時間が必要です。ちょっとした「間」を作ることで、聞き手の印象に残る説明ができるようになります。

POINT

「間」を作ると、話し手の言葉に注意を向けてもらうことができる

81 落語風プレゼンで「映像」を相手に届ける

何の盛り上がりもない話をずっと聞いているのは退屈ですよね。例えば、新製品の発表会で、製品の性能や機能を延々と聞かされるより、開発秘話のほうが興味を引かれます。33項で、「ストーリーにして伝えると聞き手の心に響く」という話をしました。プレゼンでも同様で、**具体的なエピソードを再現ドラマのようにして伝えると、聞き手の印象に残ります。**

このとき参考になるのが落語です。落語を聞いていると、目の前に情景が映像で浮かび上がってきますよね。

文字でエピソードを伝えるのとは違い、プレゼンは口で話すのが主体ですから、**エピソードも会話主体にすると臨場感が出ます。**落語は、生き生きとした会話と手振りで、私たちに情景を想像させてくれます。この「会話」と「手振り」をプレゼンに取り込むのです。

例えば、「新規の契約が取れたのに、若い社員から仕事が増えると迷惑がられてしまい、考え方の違いに戸惑った」という社長のエピソードを紹介する場合で考えてみましょう。

これを落語家のように首から上だけを動かし、顔の向きを変えて演じ分けながら語ると、こうなります。

正面：「先日、取引先の社長がぼやいていましてね」
右：「新規の契約が取れて社員が喜んでくれると思ったんだけどさ。若い社員から迷惑がられちゃったんだよ」
左：「それはまた、どうして」
右：「これ以上仕事を増やさないでくれって言われてね。まいっちゃったよ」

「こんなエピソードがあった」と出来事だけを伝えられるより、会話主体で伝えられるほうが、映像とともに登場人物の感情まで伝わってきませんか。

プレゼンがうまくなりたい方は、落語を見て話し方を練習してみてはいかがでしょうか。

POINT

エピソードは会話主体で伝えると臨場感が出る

82

立ち位置で時間軸を示す

いきなりですが、紙に横線を1本引いてみてください。その線が時間の流れを表すとしたら、「過去」は線の左側と右側のどちらだと感じますか。おそらく、左側と感じる方がほとんどではないでしょうか。

私たちの多くは、**「時間の流れは左から右へ」**と捉えています。実際、データを時系列にまとめるときも、グラフを書くときも、左から右に時間が進んでいるように書いていま す。そこで、**プレゼンで時間軸を示すときも、この「左から右へ」を意識して立つ位置を変えたり、ジェスチャーで示したりしましょう。**

聞き手から見て左側が過去、右側が未来となります。ですから、話し手が前に立ち、**聞き手と対面している位置関係では、話し手の右手が過去、左手が未来を示します。**

例えば、「去年の売上は1億円だったのが、今年は2億円になった」というようなビフォーアフターの話をする場合を考えてみましょう。この場合、「去年の売上は1億円だった」と言いながら右手を出し、「今年は2億円になった」と言いながら左手を右手の位置より高い位置に出すようにすると、聞き手にとっては話の内容と話し手の動きが合致して見えます。

プレゼンで提案するときは、目指す姿や目標値など、未来の話をすることが多いですよね。その場合は、左手で少し斜め上を指し示すようにしながら話をします。こうすると、聞き手は右肩上がりの未来をイメージしやすくなります。

また、自分の立ち位置を自由に変えられる場所であれば、「ステップ1でここまで達成し、ステップ2で……」と話しながら、時間の流れに従って左に移動していくと、話に動きが加わって、聞き手の注意を引きつけることができます。

POINT

「時間の流れは左から右」を意識して、手や体を動かす

83

相手に矢印を向ければ自信を持ってプレゼンができる

人前でプレゼンをするのは誰でも緊張するものです。でも、緊張しておどおどしていたり、自信のないボソボソとした声で話していたりしたら、聞き手もハラハラして、説明を聞くことに集中できません。だから、見せかけでも構わないので、**笑顔で堂々とした態度で臨みましょう。**笑顔を作り、元気よく挨拶するだけでも、緊張は和らぎます。

自信を持ってプレゼンするためには、事前の練習は欠かせません。特に、時間内にプレゼンを終えられるよう、時間配分を確認しておくことは必須です。

パワーポイントのスライドショーには「リハーサル」という機能があります。この機能を使って、目の前に聞き手がいるつもりで、声を出して練習します。スライドごとにどれくらいの時間がかかったのかを記録することもできますので、各スライドの所要時間を確認し、話すスピードを調整したり、原稿を見直して余計な言葉を省いたりしましょう。練習をして時間内にプレゼンを終えられるようになっているだけでも、安心できます。

私もプレゼンで、マイクを持つ手が震えるほど緊張したことがあります。一方で、ほどよい緊張で楽しくできたこともありました。その違いは何だったのかを振り返ってみると、自分と相手のどちらに矢印を向けていたかの違いだったことに気づきました。

過度に緊張していたときは「うまくやらなきゃ」「失敗したら恥ずかしい」という気持ちが強かったときです。つまり、自分自身に意識の矢印が向いていました。

一方、楽しくできたときは、「この話を相手に伝えたい」「何とかこの部分だけでも持ち帰ってもらいたい」という気持ちが強かったときです。つまり、聞き手である相手に意識の矢印が向いていたので、自然と言葉にも熱が入りました。

アイコンタクトとか「間」の取り方といったことも大事ですが、**最も重要なのは「相手に意識の矢印を向ける」こと**です。それができれば、自然と視線は相手に向けられるし、話の抑揚や強弱、ここぞというところでの「間」も自然と取ることができます。「目の前の相手に届ける」という気持ちでプレゼンに臨みましょう。

POINT

「うまくやろう」ではなく
「この人に届けよう」という気持ちで臨む

第8章

メール・チャットで説明する

84

件名で用件がわかるようにする

あなたは1日に何通のメールを受信していますか。一般社団法人日本ビジネスメール協会が仕事でメールを使っている人を対象に実施した「ビジネスメール実態調査2023」（有効回答数1634名）によると、1日に受信するメールの数は1人当たり平均49・97通だったそうです。

そんな中から、あなたのメールをいち早く開封してもらうために大事なことは、**「件名で用件がわかるようにすること」**です。

例えば、「お見積の件」という件名のメールを受け取ったとしましょう。この件名では、「何の見積なのか」「見積の提出なのか、問い合わせなのか」といった疑問が浮かびませんか。これが例えば、**「○○システム導入に関わる見積書送付」**と書かれていたら、件名だけで用件がわかりますよね。

件名が具体的だと、受け取った側は、今すぐ確認したほうがいいのかそうでないのか、判断することができます。いつ、どこで、何の用件で、何をして欲しいメールなのか、件名でわかるようにしましょう。

件名に【リマインド】【ご連絡】【ご報告】【ご相談】のように、**メールの目的を目立つように入れるのもおすすめ**です。そのときも、「【ご連絡】○月○日○時～：営業会議のご連絡」のように件名は具体的に書きましょう。

一方、早く開封してもらおうという意図なのでしょうが、件名に【重要】【緊急】といった文言が書かれたメールを受け取ることがあります。しかし、このような件名はおすすめしません。開封してみたらそれほど重要でもなかったということがあるからです。そうしたことが続くと、本当に重要なメールでも読んでもらえなくなる可能性があります。

また、【要確認】【要返信】のように、相手にアクションを強要するイメージを持たせる表現も避けましょう。特に、社外の人や上位職の人へ宛てた場合、相手に不快感を抱かせてしまいかねません。本文で丁寧にお願いするようにしましょう。

POINT

「いつ、どこで、何を、どうして欲しい
メールなのかを具体的に書く」

85 メールは1行20字以内

1日50通近くも受け取るメール。パッと見て全体像がわかるようなメールだと助かりますよね。メールも相手に「読んでもらう」のではなく「見てもらう」ことを意識して書きましょう。**メールも「見た目」が大事**です。

端から端まで文字がギュウギュウに詰め込まれたメールや、だらだらと長い文章が続くメールは、どこに何が書かれているのか、パッと見てわかりません。見づらいだけでなく、「情報を整理できていない」という印象を相手に与えてしまいます。メール本文も、どこに何が書かれているのかがわかるよう、情報をブロックごとに分けるようなイメージで書くのがいいですね。

具体的には、**1行の文字数は20字以内に収める**と見やすくなります。ただし、いちいち文字数を数えるわけにもいかないので、**区切りのいいところで改行する**のがおすすめです。例えば、20字で区切った場合を見てみましょう。

今後の予定について、計画案を7月31日までに作成し、8月5日に申込みを行う必要があります。

改行の位置が、文の意味のまとまりと合っていないので、読みづらさを感じますよね。

今後の予定について、
計画案を7月31日までに作成し、
8月5日に申込みを行う必要があります。

このように、**意味のまとまりごとに改行する**ほうが読みやすくなります。

また、本文は4~5行ごとに空白の行を入れると、メリハリが出てスッキリとして見やすいメールになります。

POINT

情報をブロックごとに
分けるようなイメージで改行する

86

チャットで実況中継

　私は工場で生産に使う電気や水を供給する部署で仕事をしていたのですが、落雷で停電が起きると一大事でした。「制御室で全体の状況を把握して関係部門へ連絡する人」と「現場に行って、止まってしまった機械を再起動する人」との、二手に分かれて復旧にあたらなければなりません。対応できる人が少ない夜間や休日だと、制御室にひとりだけ残って、あとは全員現場へ行って復旧作業に走り回るという状況です。

　現場とは電話でやりとりをしていたのですが、そこに生産部門などからも問い合わせの電話がひっきりなしにかかってきます。他の電話に対応中で出られないと「なぜ電話に出ないのか」と怒られたこともあります。

　その後、私は中国で仕事をしたのですが、中国では仕事の連絡も指示もチャットで行われていました。

　ある日、中国でも停電が発生しました。第一報がグループチャットに流れると、担当者はそれぞれ復旧作業のために現場へ急行しました。そして、現場から状況を次々にチャットで伝えてきます。まるで「各地からの実況中継」のようです。担当者が判断に迷うことがあれば、現場で写真や動画を撮ってチャットに送り、上司の指示を仰ぐこともできます。

制御室に残った私は、ホワイトボードに状況を整理することだけに専念できました。関係部門への連絡も、ホワイトボードの写真をチャットで送るだけでよく、口頭であれこれ説明するよりもよほど伝わりました。

チャットツールを導入する職場は増えています。**チャットの最大のメリットは、皆がバラバラな場所にいても同じ情報を同時に得ることができてとても効率がいいということ**です。また、どんなやり取りをしたのかが残るので、次に同じようなトラブルが起きたとき、参考にすることができたり、手順書に残したりしやすいというメリットもあります。

チャットはプロジェクトの進行管理やトラブル対応などで効率よく情報を伝達、共有するのに、とても使い勝手のいいツールと言えるでしょう。

POINT

「チャットはスピーディな情報共有が必要なときに頼りになる」

87

「報告・連絡・相談」には絵文字を使わない

ビジネスチャットが普及してきて、絵文字を使うかどうか、どんな絵文字を使えばいいかと悩んでいる方もいるのではないでしょうか。社内で何らかのルールがあれば、それに従えばいいのですが、そうでなければ自分なりのルールを作っておくといいですね。

絵文字は言葉だけでは伝えきれないニュアンスを補うことができます。しかし、一方で誤解を招いたり、肝心な情報が伝わらなくなったりする可能性もあります。**「報告・連絡・相談」では、絵文字を使わない**ほうがいいです。

例えば、納品のミスでお客様からクレームが入ったことを、取り急ぎチャットで上司に報告する場合で考えてみましょう。

「納品ミスでお客様からクレームが入りました 申し訳ございません」

「納品ミスでお客様からクレームが入りました。申し訳ございません」

絵文字があると、「この絵文字で何を伝えたいのだろう」と、報告内容以外の情報に気を取られてしまいませんか。絵文字のないほうが、情報をストレートに受け取れます。また、誠実さも感じられますよね。

「焦っている気持ち」や「申し訳ないという気持ち」を表現するために絵文字を使ったとしても、そうした**「送り手の感情」は、相手にとっては不要な情報**なのです。なぜなら、「報告・連絡・相談」のうち、「報告」と「連絡」で伝えることは、基本的に「事実」だからです。

「相談」も、最初に伝えることは「状況」、つまり「事実」です。「報告・連絡・相談」で大事なことは、5W1Hで整理された事実を簡潔に伝えること。そこに、微妙なニュアンスや感情を示す必要はありません。

そもそもチャットは、込み入った内容を伝えるよりも、とりあえず早く知らせることに適したツールです。余計な絵文字は使わず、必要な情報を簡潔に伝えるようにしましょう。

POINT

「報告・連絡・相談」では、

絵文字で微妙なニュアンスを伝える必要はない

88

部下に連絡するなら絵文字はOK

87項で「報告・連絡・相談」のチャットに絵文字は必要ないと述べましたが、**上司から部下へ、先輩社員から後輩社員へのチャットでは、絵文字を積極的に使いましょう。**自分より立場が上の人からの言葉は、本人にそのつもりがなくても「圧」があるからです。

顔を合わせてのコミュニケーションならば、表情や身振り手振りで、感情やニュアンスが伝わります。電話でも、声のトーンや大きさで相手の状況がわかりますよね。でも、チャットのように文字だけだと、相手がどんなつもりで発した言葉なのか、微妙なニュアンスがわかりません。

私も上司からのチャットにビクッとしたことが何度もあります。

「〇〇の資料、会議室にすぐ持ってきて」とメッセージがきたときには、「イライラしているのかな」「何か不備があって怒られるのかな」などと、気をもんだものです。実際には、「気になることがあって資料を確認したいだけ」だったのですが、**上司からのチャットはそれだけで威圧感がある**ものです。

もし、**「〇〇の資料、会議室にすぐ持ってきて🙇」**のように絵文字が入っていたら、「ごめん、悪いけど」という上司の気持ちがわかって、変な気をもまずに済んだのではないかと思います。

他にも、「あの件、どうなりましたか??」「明日が締切でしたよね?!」というように、**「??」や「?!」も、無言の「圧」を感じさせてしまいます。**文字を打った本人にはまったくそのつもりはなくても、受け取った側は詰問されているように感じたり、「催促されているのだろうか」「嫌味を言われているのだろうか」といったネガティブな気持ちを抱いたりする場合があります。

立場が上になるほど、文字だけのやりとりでは自分の発する言葉に「圧」があるということに気づき、絵文字を積極的に使ってみてください。ただし、ハートマークは余計な誤解を生む可能性があるので、特に異性に対して使うのは控えましょう。

POINT

上の立場にいる人ほど、積極的に「好意的な絵文字」を使う

89 今すぐ確認して欲しいプレゼン資料は画像で送る

「十数枚あるスライドのうち、1枚のスライドの内容を今すぐ上司に確認して欲しい」というとき、どうしていますか。メールまたはチャットでファイルを添付し、「3枚目のスライドの○○という部分はこれでいいかどうか、ご確認をお願いします」とコメントを入れて送っていませんか。

プレゼン資料の全体を確認して欲しい場合は別として、**一部を確認してもらいたいなら、ファイルで送るのではなく、スライドを画像として送る**方法をおすすめします。

出先で資料を確認するとき、ファイルで送ってこられると、いちいちダウンロードをしなければなりません。また、出先だとスマホで確認する場合が多いと思いますが、スマホでパワーポイントを開くと、文字がずれてしまったり、レイアウトが崩れてしまったりすることがあります。画像で送れば、レイアウトの崩れなどの心配はありません。

また、送信する前に、**どの部分を確認して欲しいのかがわかるように丸で囲んだり、矢**

印をつけたりするなど、ひと手間かけましょう。

「スライドに書かれた3つの円のうち、一番右側の円の中に書いている○○という表現について、正しいかどうかご確認をお願いします」のように、言葉で説明すると長くなってしまいます。

確認して欲しい場所に印をつけて、**「赤丸で囲った部分の表現が正しいかどうかご確認をお願いします」**としたほうが、相手はどこを見たらいいのかが一発でわかるので楽です。

相手の立場になって、ちょっとひと手間加えるだけで、伝える力はグッと上がります。

なお、1枚のスライドを画像として送信する手順は簡単です。パワーポイントの場合、スライド一覧から該当するスライドを選択してコピーし、チャットに貼り付けるだけです。

POINT

出先で今すぐ見てもらいたいなら
「パッと見てわかる」画像で送る

90

便利なスクショも使い方次第

パッと見てわかる画像として、スマホのスクショ（スクリーンショット）機能も便利ですよね。いちいち言葉で説明しなくても、スクショなら一目瞭然です。しかし、相手が本当に欲しい情報は何かを見落とさないようにしましょう。

グループで出張した際、交通費を精算担当者がとりまとめて精算することになりました。メンバー各自は担当者に、自宅から出張先までの経路と交通費をメールかチャットで連絡しなければなりません。あなただったら、どう連絡しますか。私だったら、次のように経路ごとの金額と、片道合計、往復合計を書いて連絡します。

「○○バス停〜△△駅：＊＊＊円、△△駅〜□□駅：＊＊＊円、片道合計：＊＊＊＊円、往復合計：＊＊＊＊円」

しかし、メンバーの中で、乗換案内アプリの表示画面のスクショ1枚だけを送ってきた人がいました。スクショには、経路と経路ごとの金額及び片道の合計金額は表示されていたのですが、往復の金額は表示されていませんでした。精算担当者はそこに表示されている片道金額から往復金額を自分で計算しなければならず、「大した手間ではないけれど、私が計算しなければいけないのかと疑問に思った」と話していました。

確かにそのスクショを見れば、経路と金額が正しいかどうか一目でわかるというメリットがあります。ひょっとしたら、その送信者は「正しく交通費を請求しています」という証拠のつもりでスクショを送信したのかもしれません。でも、**相手にとって本当に必要な情報は何か**ということろに気がついていれば、スクショだけ送って終わりということはなかったかもしれません。**「これを見たらわかります」というのは「説明」とは言えません**よね。

自分が送る情報は何の目的で使われるのか、そのために相手にとって必要な情報は何かを考え、**結論は文字で伝える**ようにしましょう。

POINT

結論は文字で伝え、スクショは補足情報として使う

91

相手にとって耳の痛い話はメールやチャットで伝えない

人と人が顔を合わせてコミュニケーションをしているとき、私たちは言葉を介してだけでなく、表情や声色、身振りなど、言葉以外の情報も受け取っています。例えば、相手の表情が曇ったり、声が急に小さくなったりしたら、「何か心配なことがあるのかな」「気乗りしないのかな」などと、相手の微妙な感情の動きを察知できますよね。

ところが、文字だけの情報だと、どんなニュアンスで発した言葉なのか、相手の感情を推し量ることは簡単ではありません。

対面だったら、「今度からは気をつけてください」と笑顔で肩を叩きながら伝えていた話でも、**文字だけではそのニュアンスは伝わらず、自分が思う以上に相手に「圧」を感じさせたり、意図せず傷つけてしまったりする**ことがあります。

ですから、相手にとって耳の痛い話、例えば、注意をしたり、改善を促すような話を伝えたりするときは、メールやチャットではなく対面で伝えるようにしましょう。

メールやチャットでは、相手の反応も見ることができません。「既読スルー」されれば、お互いに不愉快な気持ちになることもあります。もしも相手が言い訳や反論をしてきて、文字で言い合いが始まってしまったら、険悪なムードになりかねません。

さらに、メールやチャットは「形」としてずっと残ります。形として残るということは、何度も目に入る可能性があるということです。自分にとって不快なメッセージが目に入るたびに、嫌な気持ちがよみがえってきます。

私も、チャットで批判的なコメントや攻撃的なコメントをいただいたことがありますが、見るたびに悲しく、辛い気持ちになりました。もちろん、嫌なら見なければいいし、メッセージを削除することだってできます。でも、誰もが皆、不快に思ったメッセージを削除するとは限りません。それは、送り手にはコントロールできないことなのです。

相手にとって耳の痛い話をするときは、「伝えたいことがある」ということだけをメールやチャットで伝え、中身の話は直接顔が見える形で伝えましょう。

POINT

注意や改善要請などは「文字という形」に残さない

92

謝罪は相手のところへ出向く

謝罪しなければならないときは気が重いものですよね。「会うのは気まずいから、メールで謝ろう」と考えたくなります。でも、**謝罪するときは、まず電話でお詫びの気持ちを伝え、詳しいことは相手のところへ出向いて、直接説明する**ようにしましょう。本章で何度も述べているように、文字だけでは感情や態度を表現することは難しいからです。

こちらがどれほど誠実な気持ちで謝罪の言葉を書いたとしても、その気持ちは相手にはなかなか伝わりません。わざわざ足を運ぶことが誠意として伝わります。

また、言葉の選び方によっては、火に油を注ぐこともあります。例えば、政治家や企業の謝罪会見で「誠に遺憾です」という言葉を聞くことがあります。しかし、「遺憾」とは「残念だ」というのが本来の意味ですから、謝罪したことにはなりません。「お客様に不快な思いをさせましたこと、お詫び申し上げます」という謝罪も、批判されることがあります。これも自分たちに非があった場合ならば、「私たちの手順に誤りがあり」などのように、不快な思いをさせるに至った原因に言及して謝罪するのが本来の姿です。

さらには、いくら立派な謝罪文書を作ったとしても、メールで送るというのは一方的な行為で、こちらの言い分だけを送りつけても、相手は納得してくれないでしょう。

ちょっとした解釈のズレが誤解を招いてトラブルになることもあります。そんなときにメールでお互いの言い分を送るような「文字の応酬」をするより、面と向かって話したほうが、お互いに質問もできるので、早く解決できます。

謝罪しなければいけない場面というのは、見方を変えると、今後の関係をよくするチャンスでもあります。クレームの発生であれば、「相手の期待値」と現状のズレがどこにあるのかを知ることができます。もし自分たちの気づかなかった相手の要望を知ることができれば、新たな提案をすることもできるのです。

謝罪メールの書き方は巷にあふれていますが、**大事なのは書き方ではなく「相手のために何ができるか」**です。そのためには、文字だけでなく、直接顔を合わせて説明するのがいいですね。

POINT

大事なのは「書き方」ではなく
「相手のために何ができるか」

第9章

オンライン時代の説明技術

93

背景から余計な情報を排除する

オンラインでの会議やセミナーも、すっかり定着しました。リモートワークで自宅から商談やプレゼンをする機会がある方もいるのではないでしょうか。そんなとき、画面に映り込む背景を気にしていますか。

私は自宅からオンラインで講座を開くことが多いですが、白い無地の壁を背にするようにしています。オンラインで講師業をしている先輩方や、ブランディングの専門家から、**「背景に映り込むものが相手の集中力をそぐ要因になる」「背景によって相手に与える自分の印象が変わる」**という話を聞いたからです。

確かに、私も背景に映る相手の部屋の様子を見て、「対面式のキッチンなのだな」「素敵なリビングルームだな」などと、相手の顔よりも背景に目がいくことがあります。説明とは関係のないこうした情報はできる限り排除し、相手の目と耳をこちらの説明に向けてもらうようにしましょう。

とはいえ、場所によって白や無地の壁を背にすることが難しい場合もあるので、バーチャル背景を使う方も多くいます。この**バーチャル背景を使うときにも、「スッキリ、シンプル」が基本**です。特に、会議や商談、講演など、あなたから画面の向こうの相手に説明をする場合には、白色で無地の背景にするのがおすすめです。

派手な色使いや動きのある背景だと、相手の目はどうしても背景に向いてしまいます。風景や動物など、自分のお気に入りの画像を背景にしていると、「場を和らげる話題づくり」としての効果はありそうですが、やはり気が散りやすいので、説明の場に適しているとは言えません。

また、バーチャル背景を使っているとき、手に持った商品を映そうとしても商品が透けて背景と混ざってしまい、うまく映らず見えづらくなることがあります。「映したいものが映らない」「見たいものが見えない」というのは、お互いにとってストレスになります。こうした現象は、グリーンバックを使えば改善されますが、そこまで準備するのが難しい場合は、バーチャル背景は使わないほうがいいですね。

POINT

相手の集中力をそがないよう、背景は「スッキリ、シンプル」にする

94

上から目線に注意

79項でプレゼンのときはアイコンタクトが大事だという話をしました。これは、オンラインでも同じです。ただし、**オンラインの場合、私たちが見るのは画面に映った相手の目ではなく、パソコンの「カメラ」**です。

このカメラの位置と目線の位置がずれていると、相手に違和感を抱かせてしまいます。

私は自分の自己紹介動画をパソコンで撮影したとき、カメラと目線の位置合わせを意識していなかったために、撮り直す羽目になったことがあります。

テーブルの上にパソコンを置き、自分は立って話をしたのですが、撮影した動画を見ると、上から見下ろされているような感覚で圧迫感がありました。また、顔全体が暗く映ってしまい、印象もよくありませんでした。

一方、カメラの位置を目線より高くすると、上目づかいになって媚びているような印象や自信がないような印象になってしまいました。

オンライン会議に参加していると、たまに横顔ばかり映っている方がいます。複数のモニターを使っていたり、外付けのカメラを横に置いて参加しているからでしょうが、横顔だと話を聞いていないような印象を相手に与えてしまいます。**カメラは目線の位置に合わせ、なおかつカメラの正面に顔を向ける**ようにしましょう。

ノートパソコンをお使いなら、高さ調節のできるパソコンスタンドを使うと便利です。外付けのウェブカメラを使う場合は、高さ調節のできる三脚を使うのもいいですね。

目の高さとカメラの高さが合っているかどうかは、30センチ定規やメジャーを使うと確認しやすいです。目の位置に定規やメジャーを合わせ、カメラの位置まで定規やメジャーがまっすぐになっていれば大丈夫です。

ほんの少しの違いが印象に大きく影響します。相手からどう見えているかを考えて、カメラと目線の位置を合わせるようにセッティングしましょう。

POINT

カメラに対してまっすぐ目線を向けられるように位置を調整する

95 画面上に映った相手の目ではなく、カメラを見て話す

94項で、カメラの位置と目線の位置を合わせることが大事だという話をしました。なぜなら、**カメラは「相手の目」**だからです。オンラインでは、相手とアイコンタクトを取るときには、カメラを見なければなりません。

ところが、ついつい画面に映った相手の目を見て話してしまいがちです。相手の表情を見たいからです。あなたが画面上の相手の目を見て話すと、相手にはどのように見えているでしょうか。相手から見えるあなたは、下あるいは斜め下を見ているように映り、相手と目線が合っていません。

カメラを見ずに画面上の相手の目を見てしまうと、終始伏し目になって話している状態になり、相手に対して自信がなさそうな印象を与えてしまうのです。

「目は口ほどにものを言う」と言われるように、目から伝わる情報はたくさんあります。例えば、何かに気づいたり興味を持ったりするとパッと目を見開く、不安を感じているときに伏し目がちになるなど、目の動きから相手の状態を読み取ることができます。

とはいえ、目はカメラに向けながら、相手の表情も読み取るというのは、なかなか簡単ではありませんよね。

そこでまずは、アイコンタクトを優先して、カメラを見て話し、カメラを見て相手の話を聞くことに意識を集中しましょう。そして、**カメラの向こう側に相手がいると思えば、自然と目がカメラに向くようになります。**時折画面全体を見渡すようにして相手の様子を確認するようにします。

参加者が2、3人と少人数であれば、画面サイズを調整したり、画面表示の設定を変えたりして、参加者が映っている画面の位置をカメラに近づけるという手もあります。Zoomの場合、スピーカービューにすると、参加者が映っている画面は、話し手の画面の上に横並びになります。カメラの位置に近い場所に並ぶので、カメラ目線で話しながら参加者の様子も見やすくなります。カメラを見ながら話すことに慣れない方は、ぜひ試してみてください。

POINT

カメラの向こう側に相手がいると思って話をする

96

アクションは大げさに

オンラインはリアルで顔を合わせるのと比べて、相手との間に距離を感じやすいものです。**いつもの120%くらいのテンションでちょうど伝わる、**と思っておくといいでしょう。

声のトーンは、いつもより少し上げると、明るい雰囲気が伝わります。また、頷くときは、顔を大きく上下させて全力で行いましょう。それくらい大きめのアクションをしなければ、画面の向こうの相手にはなかなか伝わりません。笑顔や驚きなど、顔の表情もオーバーなくらいがちょうどいいです。

皆がじっと画面を見つめていて動きがない単調な雰囲気の中で淡々と説明しても、場は盛り上がらないですよね。ですから、オンラインで説明するときには、相手の目と耳をくぎ付けにするくらいの気持ちで臨みましょう。

具体的には、身振り手振りをまじえたり、体を前後左右に移動させたりします。動きが小さいと画面越しでは目立たないので、ちょっと大げさかなと思うくらい大きめの動きを意識しましょう。また、**ここ一番というときに、グッと身を乗り出して、カメラに顔を近づけるのも効果的**です。

例えば、「今話をしたところが大事なポイントなので、ぜひしっかり覚えておいて欲しい」と言うときに、それまでの説明と同じ調子で、ほとんど体も静止したまま淡々と話しても、聞き手の印象には残らないかもしれません。でも、「今話をしたところが大事なポイントなので」と言ったところで、顔をグッとカメラに近づけて前のめりになりながら「しっかり覚えておいてください」と言ってみたらどうでしょうか。発表者の顔が急にアップで迫ってくるので、インパクトがあります。

対面では相手に近づきすぎると、圧迫感や不快感を与えてしまいます。でも、オンラインは物理的に距離が離れているので、画面に他人の顔が迫ってきても、不快に感じることはなく、むしろ面白いと感じられることもあります。

大きな動きで画面に変化を出し、メリハリのある説明をしましょう。

POINT

大事なところでは顔をグッとカメラに近づけてメリハリを出す

97

問いかけを多めに！

対面の会議で説明するときには、相手の反応がわかりやすく、意識しなくても双方向でのやりとりが発生します。

例えば、説明を聞いている相手が「確かに」「なるほど」などと言葉を発してくれたり、あなたの言葉を資料に書き留めてくれたりすることがありますよね。そうした相手の反応を見て、「この部分に関心があるのだな」と推測し、「『確かに』と言っていましたが、何か思い当たることがありますか？」のように、こちらから相手に質問をすることができます。

ところが、オンラインでの説明は、一方通行になりがちです。こちらが説明している間、相手がミュートにしていることも多いですよね。その場合、相手の表情やしぐさから反応を読み取らなければなりませんが、説明しながら相手の反応を見るというのは、なかなか簡単ではありません。

私はオンラインで講座を開催していますが、1対1のときはもちろん、5、6名の参加者であれば、基本的にミュートは解除してもらっています。そのほうが相手の反応がよくわかるからです。そして、**「○○さんは、これまでの話を聞いて、どう思われましたか？」**などと、問いかけるようにしています。また、画面共有をしたら、**「今共有しましたが、皆さん見えていますか」**と確認を取ったり、話題を変える際には、**「ここから○○の説明に入りますが、よろしいでしょうか」**と同意を得たりしています。このように問いかけをすると、相手からも反応が返ってくるので、一方通行にならずに済みます。

78項で、「質問を投げかけることによって、『同じ場にいるあなたと私』という一体感を作る」という話をしましたが、**物理的な距離があるオンラインでは、特に問いかけを多めにして、同じ場を共有するようにしましょう。**

また、対面とオンラインの両方の形式で行う「ハイブリッド会議」を開催する場合は、対面で参加している者同士で話が進んでしまい、オンラインでの参加者は蚊帳の外のような状態になりがちです。「○○さんはいかがですか？」などと、オンラインでの参加者に意識的に問いかけをしてください。

POINT

相手に確認や同意を取りながら話を進める

98

一方的に説明するときは15分を目安に

オンラインでの社内研修や会社説明会など、大人数を前に一方的に説明する場合もありますよね。参加者が多いと、画面上で表情などを確認することも難しいです。こういう場合、途中で参加者がついてこられなくなっていても気づきにくいので、ときどき「ついてきてくれているかな」と振り返るつもりで、問いかけをして確認しましょう。

そもそも、**オンラインでの会議参加は思う以上に疲れる**ものです。一方的に話を聞かされている側は、集中力を維持するのも簡単ではありません。精神科医の樺沢紫苑先生の著書『脳のパフォーマンスを最大まで引き出す 神・時間術』（大和書房）では、「かなり深い集中が持続できる濃い集中時間は、『15分』程度であって、20分を超えない、つまり『15分』が一単位と考えることができます」と述べられています。これまで研修やプレゼンをしてきた私自身の経験を振り返ってみても、15分を区切りに話題を変えたり、ワークを入れたりしたほうが、参加者が飽きずについてきてくれました。

一方通行で説明する場合でも、**15分までを目安に「ここまでよろしいでしょうか」「こ**

こまでのところで、わかりにくかった点はありませんか」と問いかけ、画面上の参加者を見て、表情を確認するようにしましょう。

こちらからの問いかけに対して、うつむいていたり、反応がなかったりする場合は、興味を失っている可能性があります。そのような場合は、「このあと具体例をいくつか紹介します」などのように、聞き手が興味を持ちそうな話題を先に示したり、数人の参加者から感想を聞いたりするといいです。参加者を指名するときは、「私の画面で、ちょうど私の真横に映っていらっしゃる○○さん」のように伝えれば、指名された側も「なぜ私があてられたのだろう」と勘ぐることなく、自然に受け答えしてくれます。

一方的に説明するときは、参加者を置き去りにしないよう、**こまめに確認タイムを設ける**ようにしましょう。

POINT

「一方通行で説明するときは、
立ち止まって確認する時間を作る」

99

ここで差がつく！　印象アップ術

リアルに顔を合わせているときは、その人が放つ雰囲気を感じ取ることができます。ところが、オンラインでは「画面越しに見えるもの」と「耳から入ってくる音」で、印象が左右されてしまいます。**「映像」も「音」も、「明るく、クリアに」を意識すると、印象がアップ**します。

逆光になっていたり、部屋の照明が暗かったりすると、顔が黒っぽく映り、暗い印象になります。一方、サイドから自然光が当たっていると、顔が明るく映るだけでなく、髪も光を反射して全体的に明るい印象になります。私自身、窓から離れた場所に置いていたパソコン机を窓際へ移動させただけで、「最近生き生きとしていますね」とオンライン会議で言われた経験があります。

ただ、いつでも自然光が利用できるとは限らないので、リングライトや卓上ライトを準備するのがおすすめです。

「音」については、正面の音だけを拾う**単一指向性のマイクを使うのがおすすめ**です。パソコンに内蔵されているマイクのほとんどは、すべての方向からの音を拾う無指向性のタイプのため、周囲の雑音を拾いやすい特徴があります。例えば、キーボードを打つと、そのタイプ音が聞こえてくることがあります。話に集中したいのに、カタカタと音が聞こえてくると気になる人もいるかもしれません。

また、マイク付きイヤホンを使う場合、マイクの位置によって声が聞き取りづらいことがあったり、身動きするたびにマイクが衣服に当たって、ガサガサと音がしたりすることがあります。こうした雑音は、聞き手の集中力をそいでしまう可能性があるので、できるだけ避けたいものですね。

「ユーチューバーでもあるまいし、そこまでしなくても」と思うかもしれません。でも、今は照明もマイクも手頃な価格のものがたくさんありますので、ぜひ準備をしてみませんか。あなたの印象はグッとアップするはずです。

POINT

映像も音も「明るく、クリア」を目指す

100

ここで差がつく！ニュースキャスター風プレゼン

オンライン会議でプレゼンをする場合、資料を画面共有することが多いですが、画面共有をすると、発表者の姿が映っている画面は小さくなります。せっかく身振り手振りを交えて説明しても、その動きが相手からは見えにくくなってしまいます。

そんなときに使えるのが、**発表者の映像をワイプ表示させる**機能です。共有しているプレゼン画面の前で発表者が説明している、まるでニュースキャスターのようなイメージのプレゼンを演出することができます。

この機能を使うと、聞き手は発表者の表情がよく見え、姿を近くに感じることができます。また、映し出した資料を手で指し示す動作をするなど、発表者の動きが入ることで画面にも動きが出て臨場感が増すので、聞き手にとっては、**ただ共有された資料を見ているよりも、変化があって退屈しません。**ぜひ試していただきたい機能です。

ワイプ表示させる方法は、オンライン会議システムによって違いがあります。

Zoomでは、画面共有をする際に「バーチャル背景としてのPowerPoint」を選択し、プレゼンに使用するパワーポイントのファイルを選択します。Microsoft Teamsでは「発表者モード」の中から自分の使用したいモードを選択します。いずれも操作は難しくないので、いろいろと触ってみましょう（詳しい操作方法は、各社サポートページでご確認ください）。

資料に重ねるワイプはどの位置に置くのがいいか、ワイプの大きさはどのくらいがいいかなど、自分なりのセッティングを決めておくといいですね。

注意点は、画面に映ったスライドにワイプ表示が重なる場合は、スライドの情報が隠れてしまわないようにすることです。ワイプ表示の位置や大きさによって、スライドのレイアウトを工夫しましょう。

オンライン会議システムも、日々進化しています。新しい機能も積極的に使って、ちょっと差のつくプレゼンにトライしてみてはいかがでしょうか。

POINT

ワイプ表示機能を使って臨場感のあるプレゼンをする

おわりに

あなたは説明を聞くのが好きですか。説明書を読むのは好きですか。

おそらく多くの方が「いいえ」と答えるのではないでしょうか。

基本的に、人は説明を聞くのも、説明書を読むのも好きではありません。退屈だからです。

「説明なんて聞きたくない」と思っている相手に、振り向いてもらえる、説明の内容を理解してもらえる、「承認する」「購入する」「協力する」などの具体的な行動を起こしてもらえる、そんなことができる説明上手な人は、どこにいても重宝されます。

実際、説明上手になると周りからの信頼が厚くなり、「次もあなたにお願いしたい」「安心して任せられる」と言ってもらえるようになります。また、一発で企画や提案が通ったり何度もメールのやり取りをせずに済むようになったりするので、自分の仕事の効率が上がるのはもちろんのこと、関わる人たちの仕事の効率も上がります。さらには、「気がきますね」「あなたのおかげです」と感謝されるようにもなります。

そんな未来にたどり着く道のりは、険しいでしょうか。いいえ、そんなことはありません。意識することはたった1つ。「相手を見る」ということです。そして、これは誰にでもできます。

誰かとキャッチボールする場面を思い浮かべてみてください。相手がまだ構えていない状態で、あなたはボールを投げますか。投げませんよね。「投げるよ」と声をかけてから投げるのではないでしょうか。また、相手が構えている場所とは違う方向にボールを投げることもしませんよね。相手が子どもだったら、剛速球ではなく、手加減して投げるでしょう。ちゃんと相手を見て、相手が受け取りやすいようにボールを投げようとするはずです。

説明という「言葉のキャッチボール」でも、同じようにするだけです。

説明がうまくいかないときは、相手がまだボールを受け取る準備もできていないのに、一方的にボールをガンガン投げてしまっているのかもしれません。また、相手が構えていないところにボールを投げて、相手を右往左往させているのかもしれません。さらには、相手が誰であろうとお構いなく、剛速球を投げ込んで、怖い思いをさせているのかもしれません。そんなキャッチボールをすれば、相手を怒らせたり、困らせたりしてしまいますよね。

「説明」は難しいものではありません。キャッチボールです。相手の準備が整っているかどうか、どこに立っているのか、どんなボールなら受け取れそうか、その観察をするときに、この本を役立てて欲しいです。そして、100個のコツのうちのどれか1つでも、試しに使ってみることから始めてみてください。

本書を通じて、説明するあなたも、説明を受ける相手も、ともに笑顔になる。そんな経験を積み重ねてくれたら、こんなに嬉しいことはありません。

最後になりますが、本書の執筆にあたって、たくさんの方にお力添えをいただきました。

出版のきっかけを与えてくださった「伝える力【話す・書く】研究所」所長の山口拓朗

先生、企画から編集に至るまで、さまざまなアドバイスをくださったかんき出版の久松圭祐さんに心から感謝申し上げます。

また、わかりやすいたとえの事例を紹介してくださった皆様、会社員時代にお世話になった皆様、そして日頃からご指導や応援をしてくださっている皆様、ありがとうございました。この場を借りて、お礼申し上げます。

そして、本書を手に取ってくださったあなたへ、心からお礼申し上げます。

最後までお読みいただき、ありがとうございました。

深谷　百合子

参考文献

『人を覚醒に導く史上最強の心理アプローチ　ＮＬＰコーチング』ロバート・ディルツ（著），横山真由美（訳），足達大和（監修）／GENIUS PUBLISHING
『組織のパフォーマンスが上がる実践ＮＬＰマネジメント』足達大和（著）／日本能率協会マネジメントセンター
『「影響言語」で人を動かす［増補改訂版］（原題：Words That Change Minds）』シェリー・ローズ・シャーベイ（著），本山晶子（訳）／実務教育出版

読者限定特典

いつでも気になったときにポイントを確認できる「説明力アップ100のリスト」(PDF) をプレゼント致します。
こちらのリンクまたはQRコードよりアクセスしてください。

https://guwen-fukaya.com/setsumei-tokuten/

※特典の配布は予告なく終了することがございます。予めご了承ください。
※PDFはインターネット上のみでの配信になります。
※このプレゼント企画は、合同会社グーウェンが実施するものです。プレゼント企画に関するお問い合わせは下記HPまでお願い致します。

- 合同会社グーウェンHP
  https://guwen-fukaya.com/

- 深谷百合子公式メルマガ
  https://55auto.biz/yuriko_fukaya/touroku/sp/entryform2.htm

- ブログ (note)
  https://note.com/sh126969

【著者紹介】
深谷　百合子（ふかや・ゆりこ）
◉——合同会社グーウェン代表。「難しい」を「易しい」に変える伝え方ナビゲーター/コミュニケーション講師/ビジネスライティングトレーナー/ライター/ラジオパーソナリティ/日本NLPコーチング協会認定NLPコーチ
◉——大阪大学卒業後、ソニーグループ、シャープで技術者・管理職として工場の環境保全業務を行う。専門用語を噛み砕いて説明できることが評価され、「バックヤードの案内人」として、工場の見学者に環境対策の説明や、テレビや新聞からの取材に対応する業務を任されるようになる。さらに、地域の市民講座や学校での出前授業の講師を担当。子どもから専門家まで、対象者に合わせて説明の方法を工夫したことで、「的確で分かりやすい」と社内外から好評を得る。ヘッドハンティングにより中国国有企業に転職後は、100名を超える中国人部下の育成を通じ、相手に合わせた伝え方が国境の壁を越えて成果を出す鍵だと確信。
◉——2020年に独立。会社員時代、さまざまな立場の人に合わせて説明の方法を工夫してきた経験を生かし、「コミュニケーション」をテーマに活動を開始。受講者から「伝えたいことが相手に伝わるようになり、仕事の効率が上がった」「自信を持って自分のことを伝えられるようになり、起業家のスピーチアワードで準グランプリを獲得した」などの成果報告を多数受ける。再現性の高い言語化力、説明力には定評がある。
◉——『JBpress』『セゾンくらしの大研究』『天狼院書店WEB READING LIFE』などのメディアで執筆実績があるほか、ラジオパーソナリティとしても活動中。

賢《かしこ》い人《ひと》のとにかく伝《つた》わる説明《せつめい》100式《しき》

2024年２月19日　　第１刷発行
2024年３月25日　　第３刷発行

著　者——深谷　百合子
発行者——齊藤　龍男
発行所——株式会社かんき出版
東京都千代田区麹町4-1-4 西脇ビル　〒102-0083
電話　営業部：03(3262)8011㈹　編集部：03(3262)8012㈹
FAX　03(3234)4421　　　　振替　00100-2-62304
https://kanki-pub.co.jp/

印刷所——図書印刷株式会社

　ISBN978-4-7612-7721-5 C0030